LE LIVRE DE L'ENSEIGNANT

LYCÉE

2021 / 22

Les Ateliers d'ACTES SUD

Les prix et les paginations mentionnés dans ce livre sont indicatifs.
Ils sont susceptibles de subir des modifications.

Dessin de couverture : Céline Devaux
(issu de Joël Pommerat, *Cendrillon*, « Les Ateliers d'Actes Sud », 2021).

ISBN 978-2-330-15087-7

OUVRAGE CONÇU ET RÉALISÉ PAR CURSIVES À PARIS
REPRODUIT ET ACHEVÉ D'IMPRIMER SUR PAPIER FABRIQUÉ À PARTIR
DE BOIS PROVENANT DE FORÊTS GÉRÉES DURABLEMENT EN MARS 2021
PAR L'IMPRIMERIE NOVOPRINT À BARCELONE POUR LE COMPTE DES ÉDITIONS
ACTES SUD – LE MÉJAN – PLACE NINA-BERBEROVA – 13200 ARLES

Sommaire

Chacune des séquences pédagogiques réunies dans cet ouvrage vous propose d'accéder à des ressources enseignants *via* un code QR. Pour l'utiliser, vous pouvez notamment télécharger une application gratuite compatible avec votre smartphone ou votre tablette. Scannez le code QR et accédez directement à la page de ressources souhaitée.

Bienvenue dans « Les Ateliers d'Actes Sud »

À l'instar de la nature, nous ne supportons pas le vide. Sommes incapables de constater sans aussitôt chercher à « comprendre ». Et comprenons, essentiellement, par le truchement des récits, c'est-à-dire des fictions.

Nancy Huston, *L'Espèce fabulatrice*, Actes Sud, 2008.

La naissance d'une collection. S'il est une phrase qu'on retient dans les programmes de français du lycée, c'est celle-ci : « Transmettre le goût de la langue et le plaisir de la littérature », qui synthétise à elle seule toutes les finalités de la discipline et souligne l'importance des mots qui forment discours et histoires, qui permettent de s'approprier le monde et de l'appréhender.
Ces dimensions essentielles à l'« espèce fabulatrice » que nous sommes résonnent comme une devise pour les éditions Actes Sud, qui les défendent avec ferveur et conviction depuis quatre décennies déjà. « Les Ateliers d'Actes Sud » sont nés de cette envie et de cette ambition : se faire passeurs plus encore, en s'adressant aux élèves aux côtés des enseignants.
Comment ? En créant une collection qui propose de nouveaux textes à l'étude en classe, qui souffle sur les classiques une brise de modernité destinée à en révéler l'éclat, mais aussi et surtout qui renouvelle l'approche des œuvres.

L'atelier comme ligne éditoriale. Convoquer l'atelier, c'est faire le choix d'un faisceau de références qui toutes convergent vers l'espace de création et d'expérimentation. C'est associer à l'œuvre reproduite un environnement favorable au questionnement, à l'appropriation, à l'interprétation ; c'est permettre au lecteur de développer ses connaissances, sa sensibilité et son esprit critique.

Dans cette intention, les éditions de la collection accompagnent les œuvres de dossiers complets établis dans le respect des programmes. Tous invitent à explorer « la fabrique du texte » (pour connaître son auteur, ses enjeux et l'histoire littéraire dans laquelle il s'inscrit), à entrer dans son « atelier de lecture » (pour élaborer une analyse et construire une réflexion personnelle) et à découvrir ses « résonances et rebonds » (pour acquérir une culture littéraire solide et ouverte sur d'autres arts).

Le 9e art à l'honneur. Mais comment, d'emblée, capter l'attention des élèves et les amener au texte ? Par des images. Derrière ce choix singulier se cache l'amour d'Actes Sud pour le 9e art et l'envie indéniable de le partager, mais pas seulement. Ce parti pris en faveur de la bande dessinée s'appuie aussi sur les travaux de didacticiens qui ont mis au jour l'efficacité pédagogique de ce support, soulignant que les stratégies narratives et effets de sens y sont plus facilement repérables que dans un texte. Dès lors est née l'idée de remplacer les présentations qui traditionnellement précèdent l'œuvre dans les éditions destinées aux scolaires par des planches. La collection a demandé à des illustrateurs de tous horizons de la rejoindre et, en quelques pages, de brosser une scène, d'explorer un épisode, de saisir un enjeu de l'œuvre. Et ce seuil enchanteur de devenir une invitation à la découverte et à la construction du sens...

Privilégier la diversité pour des esprits éclairés. Dès sa première programmation, la collection a souhaité accueillir des œuvres variées, dont la forme et le propos seraient les plus à même d'enrichir les connaissances esthétiques des élèves mais aussi leur connaissance du monde et d'eux-mêmes. Ainsi, en suivant les pas de Michel-Ange appelé à construire un pont sur la Corne d'Or à Constantinople, *Parle-leur de batailles, de rois et d'éléphants* de Mathias Enard (prix Goncourt des lycéens en 2010) renouvelle le genre de la biographie, à mi-chemin entre réalité historique et fiction, et soulève doublement la question de l'inspiration – comment et avec quels matériaux crée-t-on (p. 69) ? S'amusant avec nos représentations, la pièce *Cendrillon* convie, elle aussi, à une expérience littéraire d'une grande intensité : dans une écriture qui naît de la scène, Joël Pommerat livre un conte moderne qui nous parle de nous et de notre désir d'histoires (p. 129). Quant aux *Sonnets d'amour et d'exil* de Joachim du Bellay, ils donnent à lire le parcours poétique de l'un des plus fervents défenseurs de la langue française et explorent les différentes gammes du lyrisme, de l'admiration érotique à la fureur, en passant par la nostalgie élégiaque et la satire (p. 7). Permettre aux élèves de porter un regard éclairé et sensible sur le monde : c'est aussi cette mission que poursuit, dans un tout autre genre, notre édition du *Dernier jour d'un condamné*. Alors que 2021 célébrera le quarantième anniversaire de l'abolition de la peine de mort en France, le plaidoyer de Victor Hugo est l'occasion de s'intéresser à un débat éthique majeur et d'aborder, plus largement, les questions du jugement et de la pénalité (p. 33). Plus proche de l'actualité, le roman de Laurent Gaudé *Eldorado*, faisant se croiser deux héros et deux récits, éclaire non seulement ce que vivent les migrants aujourd'hui mais aussi, de façon plus universelle, ce que migrer veut dire (p. 99).

Montrer que la littérature est vivante. Parce que la collection se veut passerelle entre les élèves, la littérature et les auteurs qui la créent, elle a à cœur d'organiser des rencontres dans les classes. Pour cela, « Les Ateliers d'Actes Sud » vous convient à participer à deux « concours » durant l'année scolaire 2021-2022. Exercices d'écriture en lien avec les œuvres de Laurent Gaudé et de Joël Pommerat, ils permettront aux classes lauréates d'échanger avec l'auteur ou, pour Joël Pommerat, un membre de sa compagnie ou un fidèle collaborateur.
Toutes les informations sur ces « concours », de même que l'intégralité des supports pédagogiques de la collection (incluant captations, enregistrements sonores et liens vers d'autres ressources en ligne), sont à retrouver sur le site **lesateliersactessud.fr**.

Nous vous souhaitons la bienvenue dans « Les Ateliers d'Actes Sud », espérant partager avec vous appétits et découvertes.

Tiphaine Pelé
Les Ateliers d'Actes Sud
lesateliers@actes-sud.fr

Sonnets d'amour et d'exil

Anthologie

Joachim du Bellay

Parution le 18 août 2021

9782330149642 – 3,90 € – 144 p.

Édition avec cahier photos

SÉQUENCE 1

Entre lyrisme, élégie et satire, une poésie au service de la défense et de l'illustration de la langue française

Ressources en ligne lesateliersactessud.fr

- Extraits de l'édition
- Tableau synoptique de la séquence
- Fiches enseignant (corrigés complémentaires)
- Petite bibliothèque numérique

Trois bonnes raisons d'étudier l'œuvre de Joachim du Bellay en 2de

S'initier en autonomie à la lecture-butinage

« J'ai toujours estimé la poésie comme un somptueux banquet, où chacun est le bienvenu, et l'on n'y force personne de manger d'une viande ou boire d'un vin, s'il n'est à son goût, qui le sera (peut-être) à celui d'un autre ». Ces quelques lignes, extraites de l'« Avis au lecteur » de *L'Olive*, rappellent combien la lecture d'un recueil de poésie se prête de façon idéale au butinage. Ainsi, cette édition propose un parcours parmi les recueils les plus connus de du Bellay (*L'Olive*, *Les Regrets*, *Les Antiquités de Rome* et *Le Songe*) auquel on s'est efforcé de conférer une cohérence – par le choix d'un genre unique, le sonnet, et par la focalisation sur son projet de défense et d'illustration de la langue française.

Découvrir une œuvre ambitieuse et militante

Moins claironnante, moins foisonnante que celle de Ronsard, l'œuvre de l'Angevin n'en est pas moins ambitieuse. Après une expérience amoureuse intense, vécue en parallèle des premières découvertes poétiques et des premiers coups d'éclat de la jeune Brigade qui allait donner naissance à la Pléiade, le destin du poète bascule de Paris à Rome pour quatre années douloureuses (1553-1557). Pourtant, cet exil correspond à une période de grande productivité où du Bellay, découvrant de près le modèle italien qui faisait tant rêver les artistes de la Renaissance, s'efforce plus que jamais d'incarner la nation française et d'en défendre la langue avec ardeur.

Marcher sur les pas d'un poète aux mille muses

En suivant le parcours d'un jeune poète, l'évolution de son style et l'affinement de son *ethos* littéraire, l'étude du recueil permet d'explorer différentes expériences et émotions pour lesquelles la poésie est souvent d'un grand recours : l'amour passion qui dévore, l'exil et l'aliénation, la confrontation – souvent décevante – des rêves à la réalité et mille autres instants vécus aux résonances toujours puissantes aujourd'hui.

Adèle Payen de la Garanderie, agrégée de lettres modernes

Présentation

Problématiques

S'il est une caractéristique universelle de l'adolescence, c'est sans doute celle d'une sensibilité exacerbée, sur laquelle il n'est pas toujours facile de mettre des mots. En classe de seconde, le programme de français invite à accompagner les élèves dans ce travail d'introspection, en particulier lors de l'étude de « La poésie du Moyen Âge au XVIIIe siècle », qui doit être menée « tout en poursuivant la sensibilisation des élèves aux forces d'émotion du poème[1] ». Cette approche constitue le point de départ d'un méticuleux travail de mise en perspective et de contextualisation des savoirs et des textes. Ainsi, pour étudier la poésie de Joachim du Bellay, on s'efforcera à la fois :

1. de caractériser, en suivant son parcours biographique et poétique, différentes gammes du lyrisme, de l'admiration érotique à la fureur poétique, en passant par la nostalgie élégiaque et la satire ;

2. de montrer que la mise en forme poétique de ces expériences intimes s'inscrit dans un vaste effort d'innovation linguistique et poétique, porté par la Pléiade.

Organisation

Les activités de cette séquence s'appuient sur l'appareil pédagogique de l'édition des « Ateliers d'Actes Sud » : les planches de BD conçues par François Olislaeger et les sections de l'après-texte, en particulier « L'atelier de lecture » et « Résonances et rebonds ». Celles-ci ont été conçues pour que l'élève mobilise des compétences variées (lecture expressive et comparative, mémorisation, explication de texte, écritures poétique, épistolaire, argumentative).

Les commentaires de texte et les explications linéaires sont réalisés à l'oral ; le format de la prise de notes est laissé à la libre appréciation des professeurs. Les travaux d'écriture prévus en fin de séances peuvent être

1. Bulletin officiel de l'Éducation nationale, « Programme de français de seconde générale et technologique », p. 10.

donnés en classe ou en devoir à la maison, selon le temps disponible. Cette séquence comprend également des points de langue, disponibles dans les outils pédagogiques associés au titre sur le site de la collection : **lesateliersactessud.fr**.

Enfin, précisons que l'ensemble qui suit, volontairement ambitieux, a été pensé avant tout comme un réservoir d'analyses littéraires, d'activités et d'outils pédagogiques dont la vocation principale est d'inspirer ses lecteurs, libres d'y butiner selon leurs envies et leurs besoins.

Mise en œuvre

Introduction

Séance 1
1 h 30[1]

SUPPORTS	OBJECTIFS	ACTIVITÉS
– « Sur le seuil » : BD constituant l'avant-texte de l'édition – « L'atelier de lecture » : « Aborder par la BD » – « La fabrique du texte » : « Les textes ont une histoire »	– Découvrir le projet poétique de du Bellay – Comprendre les enjeux linguistiques sous-jacents – Préciser la problématique de la séquence	– Lecture et analyse d'une BD – Lecture d'un groupement de textes critiques et réponses à un questionnaire

Pour commencer, on prend le temps de découvrir l'édition et on introduit l'œuvre par les planches dessinées par François Olislaeger. On s'appuie sur la section « Aborder par la BD » pour bâtir un horizon de lecture : celui du sonnet de la Renaissance et d'une écriture poétique étroitement liée à l'expérience intime d'un jeune homme en exil, du Bellay.

On ouvre ensuite la séquence en mettant à l'honneur la « question de la langue française », de son histoire et de son statut au fil des siècles, en se concentrant principalement sur les extraits de *La Défense et illustration*

1. Toutes les durées mentionnées sont indicatives. Les « séances » correspondent aux axes de progression de la séquence ; certaines peuvent être réparties sur deux créneaux de cours.

de la langue française de Joachim du Bellay proposés dans le dossier de l'édition (section « Les textes ont une histoire » dans « La fabrique du texte »). On répond en classe aux questions du groupement avant de préciser l'orientation des prochaines séances : dans ce manifeste linguistique autant que poétique, l'auteur affirme que la langue est toujours le fruit d'un travail, dans lequel la poésie joue un rôle immense. On proposera donc aux élèves de suivre le fil conducteur suivant : « Quelles sont les ressources des poètes de la Renaissance, et plus spécifiquement de du Bellay, pour exprimer les émotions fortes ? Comment permettent-elles d'illustrer et de défendre la langue française ? »

L'Olive ou l'initiation au pétrarquisme

Séance 2
2 h 30

SUPPORTS	OBJECTIFS	ACTIVITÉS
– Les sonnets issus de *L'Olive* – « L'atelier de lecture » : parcours consacré à *L'Olive*	– Découvrir un courant littéraire majeur du XVIe siècle – Comprendre que création poétique et expérience intime sont liées	– Étude comparative d'éditions anciennes – Analyse transversale d'une œuvre – Explication linéaire – Écriture poétique et / ou expression libre

Cette première séance met à l'honneur différentes manifestations du sentiment amoureux, en particulier le pétrarquisme, dans l'intention d'en montrer la fécondité artistique, tout en explorant l'une des tendances poétiques majeures de la Renaissance. Elle s'appuie sur le premier parcours de lecture du dossier de l'édition (section « Questionner les textes »), que les élèves auront préparé avant chaque temps de cours de la séance.

ENTRÉE DANS *L'OLIVE* PAR L'HISTOIRE DU LIVRE

Le parcours de lecture propose tout d'abord de comparer les pages de titre des deux premières éditions de *L'Olive* accessibles sur Gallica, le site de la BNF. Pour la première édition, l'effet de masse produit par le sommaire permet à « I.D.B.A. » (« Joachim du Bellay Angevin ») de s'affirmer sur la scène littéraire et poétique, comme auteur d'une œuvre substantielle. La citation mise en exergue (« *Caelo Musa Beat* » : « La Muse donne l'immortalité », Horace, *Odes*, IV, 8) témoigne aussi de son ambition. La page de titre de la réédition est plus sobre mais le recueil est plus conséquent (cent quinze sonnets au lieu de cinquante) et le privilège (« autorisation exclusive d'imprimer accordée par le roi à un imprimeur-éditeur pour un livre précis ») obtenu pour quatre ans témoigne du succès de l'ouvrage. Le nom de l'auteur est cette fois-ci omis, mais le poète était déjà bien connu. Ainsi, du Bellay semble avoir trouvé dans l'expérience amoureuse une source d'inspiration particulièrement féconde. À partir de ce constat, on énonce la problématique de la séance : « Dans quelle mesure la passion amoureuse et la création poétique s'enrichissent-elles mutuellement ? »

ETUDE D'ENSEMBLE DE *L'OLIVE*

On répond oralement aux questions de l'« étude d'ensemble » proposée dans le dossier de l'édition.

Une histoire d'amour impossible et douloureuse

Au sonnet V, le coup de foudre est mis en scène comme un événement sacré (le christianisme et le paganisme se mêlent) et comme une fatalité inéluctable (v. 5-6). Le poète se présente comme la seule victime : il vit un amour unilatéral source de souffrance, même s'il semble avoir pu obtenir quelques baisers (s. XXXIII). À la fin du recueil, la relation ne paraît pas avoir évolué : voir par exemple le substantif « tourment(s) » (s. XXXIII et CVIII) et l'adjectif « malheureux » (s. LXI) **[Q1]**. À l'égard d'Olive, le poète alterne entre l'éloge et la plainte amoureuse, entre l'espoir et le désespoir, ce dont témoigne le sonnet XXVI. D'après la disposition d'ensemble adoptée pour la réédition, seul l'amour divin est envisagé comme issue permettant au poète de se libérer d'un amour impossible (s. CVIII) **[Q2]**. Au sonnet VII, on comprend qu'Olive est blonde (« chef d'or »), a la peau blanche et fine (« coteaux d'albâtre, et main polie ») et que le poète a déjà pu goûter son souffle de près (« haleine »). Olive répond aux canons de beauté poétiques habituels. Les métaphores qui s'accumulent (s. LXV) peuvent laisser penser que, plus le poète écrit, plus il s'éprend de sa dame, dont il transfigure et idéalise l'apparence réelle [Q3].

L'inspiration pétrarquiste au service de l'amour fou

Olive est décrite comme une créature plus qu'humaine au moyen d'expressions laudatives souvent hyperboliques («face excellente», s. VI; «ma Déesse», «je ne vois chose au monde plus belle», s. VII; «les saints rameaux de ma plante divine» et «la beauté des beautés immortelles», s. LXI). En outre, elle est régulièrement confondue, par métaphore, avec une «clarté sainte» (s. VII) ou un «Soleil» (s. VI)[1] [Q4]. Du Bellay, lui, se représente comme un esclave entièrement soumis à Olive («serf», s. V), voire comme un prisonnier dont le cœur est retenu par sa dame («proie», s. V; «je sens mon cœur en prison retenu[2]», s. XXVI; «ô prison douce», s. XXXIII, «captivé», s. LXV). Ces mises en scène jouent sur le ressort rhétorique du *pathos*, visant à émouvoir Olive, tout en lui garantissant une fidélité éternelle («ma foi persévère», s. XXXIII) [Q5]. Les sonnets XXXIII, LXV et XCI sont structurés, au moins partiellement, par la figure de l'anaphore. Celle-ci confère aux sonnets un rythme lancinant et plaintif, tout en créant un effet d'insistance pour séduire Olive [Q6].

Le premier recueil d'un jeune poète ambitieux

Le dieu Amour (Cupidon) est décrit comme un «Enfant» «aveugle», un «Archer» qui soumet le poète d'une seule flèche et le tient à sa merci (s. V et s. XXVI); en tant que sentiment, il est davantage associé à une flamme («le feu», s. CVI). On comprend qu'Amour est une source d'inspiration pour le poète. De son côté, Ronsard (s. CVI) joue le rôle de guide ou d'initiateur («Inspire-moi»), d'autant plus qu'il a vécu lui aussi une expérience de passion douloureuse («Cassandre») [Q7]. Les sonnets LXI et CVI permettent à du Bellay de se construire un *ethos* de poète et de s'affirmer comme auteur : les vers ailés symbolisant la gloire à venir (s. LXI) et l'amitié étroite

---

1. Ces deux dernières représentations sont inspirées d'une conception néoplatonicienne, qui voit dans la relation amoureuse le lieu d'une progression mutuelle vers la connaissance des Idées (le Beau, le Bien, le Vrai). Pétrarquisme et néoplatonisme doivent toutefois bien être distingués : pour ce dernier, la plainte et la douleur sont absentes, dans la mesure où la relation est réciproque et vécue comme une initiation mutuelle.
2. L'image du «cœur prisonnier» provient de la lyrique courtoise médiévale et du *Roman de la Rose*.

avec Ronsard suggèrent son ambition : s'il est inspiré d'une expérience amoureuse réelle, ce recueil fut également suscité par le désir d'imiter des maîtres (Pétrarque) ou des rivaux (Ronsard) **[Q8]**.

EXPLICATION LINÉAIRE : SONNET LXV (« CES CHEVEUX D'OR... »)

On s'intéresse au sonnet LXV de *L'Olive*, en s'appuyant sur le travail préparatoire des élèves.

Avant d'échanger sur le texte, on peut en donner une lecture expressive. On attire l'attention des élèves sur les enjambements (v. 1-2, v. 7-8 et v. 13-14) qui doivent être marqués discrètement, comme des soupirs. On peut réaliser subtilement les césures – on rappelle alors qu'un décasyllabe se découpe en deux groupes dissymétriques (4 syllabes / 6 syllabes).

Puis on demande aux volontaires de formuler leur problématique. Le corrigé suivant s'appuie sur les questions de l'édition.

Introduction

Dans ce sonnet descriptif en décasyllabes, du Bellay propose un portrait élogieux d'Olive dont il est amoureux. Contrairement à d'autres poèmes (comme le sonnet XCI), celui-ci n'est pas directement adressé à Olive, qui n'apparaît qu'à la troisième personne. Ce choix énonciatif confère au portrait un caractère plus abstrait et idéalisé, tout en focalisant l'attention sur les émotions du poète. Le portrait progresse par élargissement : d'abord le visage (strophe 1), puis la voix et le corps (strophe 2), enfin les attitudes (strophe 3), avant d'assimiler l'ensemble à des armes (strophe 4). Le tout compose une seule phrase dont la chute constitue un renversement paradoxal, emblématique du fonctionnement de tout le sonnet, où les figures de l'opposition, caractéristiques du pétrarquisme, sont nombreuses. On pourra ainsi se demander dans quelle mesure le portrait élogieux de la femme aimée sert avant tout de prétexte[1] aux expérimentations poétiques d'un jeune poète en quête de son « doux grave style » propre.

1. Au double sens de ce terme, le *prétexte* étant à la fois ce qui vient avant le texte et ce qui en légitime l'existence ; l'expérience amoureuse est la raison d'être du poème autant que la justification de l'écriture.

Explication

La strophe 1 inaugure la longue énumération qui structure le sonnet. L'objet du portrait est immédiatement désigné au moyen des déterminants démonstratifs (« ces », « ce »), qui donnent le sentiment que la dame se trouve juste devant les yeux du poète – et des lecteurs – comme un peintre observant son modèle. Le portrait se focalise sur le visage, qu'il décompose en ne retenant que certaines caractéristiques topiques[1], transfigurées au moyen de métaphores (matériaux précieux comme l'or et le marbre, beautés de la nature avec les œillets et les lys), ce qui engendre un double phénomène de métamorphose et de divinisation de la dame. On perçoit dans cette strophe la passion du poète. Les énumérations, l'enjambement osé, v. 1-2 (entre un déterminant et un substantif), qui manifeste peut-être une forme de soupir d'extase, le balancement régulier des vers 2, 3 et 4 qui confèrent à Olive une harmonie plastique parfaite, visible dans l'écriture elle-même, les assonances en [ɛ] et les allitérations en [s] qui mettent en valeur des sensations physiques (« doux soupirs », « odorante haleine ») : tout contribue à rendre ce portrait aussi bien sonore que visuel.

La strophe 2 s'élève à un niveau de description plus général. Ainsi, de l'apparence physique immédiate, le poète glisse vers la description de manifestations sonores et visuelles plus larges : le « chant », le « ris » et plus généralement le « corps » aboutissent à un sommet de l'abstraction avec la substantivation du déterminant « (ce) tout ». L'interruption prosodique du v. 7, juste à la césure (« bref »), confère au discours une forme de spontanéité imitant l'épuisement du poète, à bout de mots, ayant atteint ses limites poétiques tant ce qu'il voit ou s'imagine le dépasse. C'est un aveu d'impuissance, en même temps qu'un geste poétique. Le substantif abstrait « beauté » (v. 8), mis en valeur par l'enjambement « plus qu'humaine », mime peut-être là aussi l'effort du poète pour trouver les mots à même de caractériser une réalité qui dépasse, à ses yeux, toute beauté humaine : c'est une stratégie de valorisation hyperbolique de celle qu'il aime. Toutefois, on observe déjà dans cette strophe les éléments qui conduiront à la chute du poème, des indices en quelque sorte du renversement à venir, avec les expressions paradoxales « enchanteur de ma peine » (v. 6) et « douce beauté si cruellement belle » (v. 8).

1. Sur ce sujet, voir *La Chimère de Zeuxis : portrait poétique et portrait peint en France et en Italie à la Renaissance* de F. Lecercle, Tübingen, G. Narr, 1987.

La strophe 3 introduit discrètement la figure du poète par un changement de point de vue. Cette fois-ci, la description se fait davantage éthopée (portrait moral), ce dont témoigne l'adjectif « humain » (v. 9), qui s'oppose à la stratégie de divinisation ; ici l'adjectif possède le double sens de « qui est propre à l'être humain » et « qui est bon, bienveillant ». L'éthopée ramène en même temps le lecteur vers l'expérience réelle du poète observant les attitudes de celle qu'il aime. Tout concourt à en souligner la noblesse : l'adjectif « gentille », l'infinitif substantivé « ce haut penser » qui répond au programme de la *Défense*, les substantifs « grâce » et « honnêteté » (critères de noblesse). L'étonnant substantif « style » est qualifié de façon oxymorique par deux adjectifs : « doux grave ». Si le style désigne l'ensemble des moyens par lesquels une personne exprime son caractère, sa personnalité – en paroles, en gestes, en attitudes –, on comprend que l'amour a pu influencer le poète dans sa manière d'écrire, qui associe la douceur des sentiments à la gravité d'un amour impossible.
La strophe 4 marque le triomphe de ce style, en introduisant une rupture dans la dynamique de l'éloge. D'un point de vue syntaxique d'abord : la proposition principale amène la période oratoire à sa phase descendante (appelée apodose). D'un point de vue lexical ensuite, avec l'introduction du champ lexical des armes de chasse. On fera remarquer l'effet d'insistance suscité au v. 12 par la répétition de trois termes quasiment synonymes (« les haims, les appâts, et l'amorce »), qui témoignent à la fois de l'effort poétique de du Bellay, à la recherche du meilleur mot pour caractériser ses émotions, mais soulignent aussi, par leur rythme ternaire, sa lente agonie amoureuse, tout comme l'enjambement v. 13-14. On retrouve à nouveau des expressions oxymoriques, « débile force » (v. 13) et « humble violence » (v. 14), qui rendent compte de la nouveauté et de l'unicité du sentiment éprouvé, celui d'avoir été fait prisonnier par la douceur. Ces paradoxes sont renforcés par la rime paradoxale associant « silence » et « violence ». La chute brutale, surprenante, est caractéristique du pétrarquisme dont s'inspire ici du Bellay.

Conclusion

Indéniablement, le poète tâche de cerner dans ce sonnet un sentiment symboliquement très puissant et pourtant ineffable, une passion qu'il semble éprouver pour la toute première fois, ou plutôt dont il réitère sans cesse, par le pouvoir de ses mots et de son style, la première apparition.

QUESTION DE GRAMMAIRE

Selon le temps disponible, on pourra proposer aux élèves de traiter la question de grammaire : « L'ordre des mots dans le sonnet LXV ». Le corrigé de cette question de grammaire est disponible dans les ressources pédagogiques dédiées au titre sur le site de la collection : **lesateliersactessud.fr**.

BILAN ET PROLONGEMENTS

On termine la séance en répondant avec les élèves à la question « bilan » du parcours : on attend qu'ils reformulent ce qui a été vu, en résumant les éléments qui témoignent des expérimentations poétiques (travail éditorial, licences poétiques, audaces métriques avec l'enjambement, imitation de Pétrarque avec la chute paradoxale, etc.).
Pour aller plus loin, on pourra étudier la sélection 1 du « Coin des arts » (« Les allégories de l'amour à la Renaissance »), qui permet de souligner la diversité picturale et la richesse philosophique des représentations du XVIe siècle : l'amour n'est pas seulement une émotion que l'on partage, c'est aussi une expérience universelle dont les mystères n'ont cessé d'interroger les poètes et les artistes.

DEVOIRS

Les activités situées à la fin du parcours dans l'édition (rubrique « Tisser des liens personnels avec le texte ») peuvent être proposées en travail à la maison.
« À la louange de l'Olive » : écrire un sonnet paradoxal. Il s'agit ici d'initier les élèves à la manipulation poétique et de s'assurer qu'ils ont bien assimilé les points suivants : les outils de versification (voir le précis dans l'édition), les caractéristiques du pétrarquisme, la structure et les enjeux d'un éloge paradoxal. On valorisera les productions mettant en œuvre des métaphores et des comparaisons variées et originales.
Les représentations du poète amoureux. La question d'expression libre peut être rédigée dans un carnet de lecture personnel. On attend des élèves qu'ils aient bien repéré les différentes postures poétiques adoptées par du Bellay. On leur demande tout particulièrement de distinguer l'image de l'amant-victime de celle du poète ambitieux et conquérant, en soulignant qu'elles sont paradoxales et complémentaires.

L'amour pétrarquiste au XVIe siècle

Séance 3
1 h

SUPPORT	OBJECTIFS	ACTIVITÉS
« Résonances et rebonds » : groupement de textes 1 (« Le pétrarquisme au XVIe siècle »)	– Confronter la lecture de *L'Olive* à d'autres textes qui lui sont contemporains – Comprendre et affiner sa connaissance du pétrarquisme	– Lecture comparative d'un corpus – Réponses à un questionnaire – Synthèse critique

Cette séance de prolongement doit permettre de montrer que le pétrarquisme ne se réduit pas à un style, à des jeux savants de figures, mais qu'il s'agit bien d'une forme spécifique d'expression d'un amour vécu qui a suscité par ailleurs de nombreuses réflexions à la Renaissance.

Après lecture des textes du groupement, on répond aux questions du dossier de l'édition qui s'y rapportent. En guise de synthèse, on pourra ensuite proposer aux élèves la citation suivante : « Le pétrarquisme naît de l'expérience existentielle (plutôt que biographique) d'un poète exilé florentin du XIVe siècle. Cette expérience s'est traduite (ou s'est faite ?) par un recueil de pièces amoureuses, lesquelles ont servi de modèles aux poètes italiens et européens de la Renaissance. Cette expérience implique une idéalisation de la femme chantée et, par conséquent, l'apparition de valeurs symboliques. Mais le pétrarquisme est inséparable d'une *techné* : comme style, on voit qu'il appelle l'artifice (connoté en général négativement), qu'il sert aussi de répertoire de motifs et thèmes lyriques pouvant s'organiser en univers imaginaire ; qu'il est enfin inséparable des figures de l'analogie, de l'hyperbole et de l'antithèse. » (A. Gendre, « Vade-mecum sur le pétrarquisme français », in *Versants : Revue suisse des littératures romanes*, n° 7, 1985, p. 43-44.)

Les variations satiriques des *Regrets*

Séance 4
4 h

SUPPORTS	OBJECTIFS	ACTIVITÉS
– Les sonnets issus des *Regrets* – « L'atelier de lecture » : parcours consacré aux *Regrets*	– Interroger les conditions d'émergence de la création poétique – Étudier différentes modalités et stratégies du registre satirique	– Écoute et étude musicales – Analyse transversale d'une œuvre – Commentaire de texte – Explication linéaire – Écriture épistolaire et / ou expression libre

Cette séance est volontairement plus conséquente que les autres, *Les Regrets* étant le recueil phare de l'édition, en raison de sa notoriété et de son accessibilité. En étudiant l'expérience de l'exil romain de du Bellay, on s'efforcera de montrer comment les difficultés rencontrées l'ont amené à modifier sa poétique et sa manière de créer, le poussant à prendre ses distances avec *L'Olive*.
Cette séance s'appuie sur le deuxième parcours de lecture du dossier de l'édition (section « Questionner les textes »), consacré aux *Regrets*, que les élèves auront préparé avant chaque temps de cours de la séance.

ENTRÉE DANS *LES REGRETS* PAR UNE CHANSON DE LA RENAISSANCE

Le parcours de lecture propose tout d'abord d'introduire le recueil par une brève incursion dans la musique de la Renaissance. Éditée en 1533, la chanson « Mille Regretz » de Josquin des Prés (1450-1521) connut un grand succès en Europe. Comme beaucoup de musiques vocales de l'époque, il s'agit d'une pièce polyphonique : quatre voix s'y mêlent (soprano, alto, ténor, basse), produisant des effets textuels et mélodiques, tels que l'opposition entre la mélodie lancinante des aigus et la ligne profonde des basses, les rythmes descendants de la soprano qui suggèrent des sanglots, les imitations musicales (reprises de fragments mélodiques d'une voix à l'autre) à valeur d'insistance, etc. On invite alors les élèves à être attentifs aux moyens mis en œuvre par du Bellay pour traduire et explorer le sentiment du regret, sous toutes ses formes.

On répond oralement aux questions de l'« étude d'ensemble » proposée dans le dossier de l'édition.

Les tourments de l'exil romain

Lors de son départ, du Bellay fantasmait Rome comme un lieu d'apprentissage de nombreuses disciplines et d'arts variés, énumérés au sonnet XXXII. Mais on comprend vite que cet enthousiasme naïf et ces ambitions démesurées ont été déçus, voire que ses expériences l'ont conduit à des vices (la flatterie et l'hypocrisie au sonnet LXXXV), ce dont il « rougit de honte ». Ainsi, les regrets évoquent d'abord une profonde *déception* **[Q1]**. À cela s'ajoute la *nostalgie* de la France, exprimée vivement dans les sonnets IX et XXXI. Ces regrets sont rendus particulièrement douloureux au moyen des oppositions, au sonnet XXXI, entre le « petit village » (Liré) aux caractéristiques chaleureuses et « le front audacieux » des « palais Romains », associés à la dureté et à la « froidure » (s. IX) **[Q2]**. En outre, dans les sonnets XII, XIV, XV et XXIX, du Bellay dépeint l'ingratitude de sa charge d'intendant à Rome et sa difficulté à concilier les affaires (*negotium*) avec le repos (*otium*) et l'écriture. Avec *Les Regrets* s'exprime donc aussi une *frustration* poétique, laquelle pourtant n'est pas radicale : ainsi, les sonnets XIV et XV montrent un du Bellay capable d'écrire même dans des conditions inconfortables. Bien plus, cette situation est synonyme de renouvellement poétique par rapport à *L'Olive* **[Q3]**.

On formule avec les élèves la problématique qui guidera l'étude des *Regrets* : « **Comment une profonde déception peut-elle paradoxalement stimuler la créativité et l'efficacité poétiques ?** »

De la nostalgie à la satire : des poèmes aux intentions variées

On considère généralement que *Les Regrets* comportent trois sections : élégiaque (plaintes), satiriques (dénonciations), laudative (éloges). Les sonnets LXXX, LXXXV et LXXXVI mêlent la plainte et la dénonciation critique de différents vices. En ce sens, on peut dire que ces poèmes assurent une forme de transition entre les deux dominantes principales du recueil **[Q4]**. La satire porte le plus souvent sur la cour papale, explicitement visée par les sonnets CIX à CXLV. Avec rage et au moyen de métaphores violentes, notamment scatologiques (s. CIX), du Bellay dénonce les mœurs des papes

(Jules III au sonnet CIX puis Paul IV au sonnet CXVI), qu'il s'agisse du non-respect des vœux religieux ou de leurs attitudes belliqueuses (s. CXVI) – à l'époque, le pape était investi de pouvoirs temporels autant que spirituels. Les sonnets CXIX et CL se concentrent davantage sur les courtisans du pape (toutes les personnes vivant ou fréquentant le palais apostolique), dont le poète moque l'hypocrisie et la bassesse [Q5].

« J'écris à l'aventure » : l'invention d'un nouveau style

Sur les vingt poèmes de cette édition, six seulement n'ont pas de destinataire (s. I, XXXI, XXXII, LXXX, LXXXVI et CIX) et deux sont destinés à des entités fictives (s. IX à la « France » et s. CLXXI à sa « Muse »). Les destinataires sont des poètes de la Pléiade comme Ronsard (s. VIII et CLII), Magny (s. XII) et Belleau (s. CXLV), le mécène Jean de Morel (s. XXIX et s. LXXXV) ou d'autres voyageurs romains, comme Boucher (s. XIV) ou Panjas (s. XV) ; mais du Bellay s'adresse aussi aux puissants, notamment au roi (Henri II, s. CXIX, et peut-être encore lui au s. CL ?) et à deux reines, Marie Stuart (s. CLXX) et Catherine de Médicis (s. CLXXI). Le choix d'une poésie épistolaire est une manière de rester en contact avec la France mais aussi de continuer à se faire connaître pour obtenir du soutien – moral, financier ou juridique [Q6]. Bien que le poète se plaigne de ses difficultés à écrire, il n'en compose pas moins plusieurs recueils, tous publiés à son retour. S'adaptant à sa nouvelle situation, le poète revendique toutefois un nouveau style d'écriture, qui se caractérise par une relation inédite unissant l'auteur à ses vers (s. I et XIV), qui sont comme ses confidents (« les plus sûrs secrétaires »), comme un journal intime. L'écriture devient un moyen d'adoucir des tourments mais aussi le lieu d'une expression libérée (s. XIV) dans un pays où règnent la censure et le mensonge. Ce nouveau style est plus familier, plus concret et plus simple que celui de *L'Olive* [Q7].

COMMENTAIRE DE TEXTE : SONNET LXXXV (« FLATTER UN CRÉDITEUR... »)

On commence par lire le poème et on en fait une brève présentation, avant de répondre aux questions du parcours, afin de construire le commentaire en classe.

Le sonnet LXXXV, écrit en alexandrins, assure une transition dans le recueil des *Regrets* entre la tonalité élégiaque et satirique. Du Bellay y énumère différents motifs de déception, qui contrastent amèrement avec ses ambitions évoquées au sonnet XXXII ; en particulier, il se plaint de la censure et de l'hypocrisie romaines. On se demandera ainsi dans quelle mesure, par son style simple et son ironie légère, ce sonnet épistolaire ne constitue pas pour le poète le seul lieu possible de libre expression.

I. « Voilà, mon cher Morel » : le récit ironique et amer d'une déception

A. Un poème sur le ton de la confidence. Ce sonnet fut probablement écrit à la fin du séjour romain du poète, qui semble tirer un bilan de ses années d'exil (v. 14) pour en faire part à son mécène et ami Jean de Morel (v. 13), déjà rencontré dans le recueil (s. XXIX). Cette situation d'énonciation introduit un échange intime et familier, sur le ton de la confidence, ce qui est mis en valeur notamment par la parenthèse v. 13. Le lyrisme n'a véritablement plus la même forme ni la même vocation que dans *L'Olive* **[Q1]**.

B. Une structure déceptive. Le sonnet se présente sous la forme d'une longue énumération de verbes à l'infinitif. Il est difficile de déceler une véritable unité thématique strophe par strophe ; les vers semblent davantage fonctionner par groupes de deux ou trois (v. 1-2 : codes des relations commerciales ; v. 3-4 : codes du discours ; v. 5-6 : règles de vie et de gestion ménagère ; v. 7-8 : codes du discours ; v. 9-12 : règles générales de vie en société ; v. 13-14 : chute du sonnet). L'ensemble du poème est tendu vers la chute, mise en valeur par la ponctuation forte puis le présentatif « Voilà ». Le groupe nominal « le bien » résume toute l'énumération et se présente comme le pivot de l'ironie dans ces vers, dans la mesure où l'idée de « bien » est totalement absente du poème. Il s'agit d'une expression antiphrastique **[Q2]**.

C. Un témoignage à portée universelle ? Si le bilan ironique se fait sur le ton de la confidence, avec la présence du « je », le rapport prend une forme plutôt impersonnelle, avec les infinitifs et le choix du « on », pronom indéfini neutre. De façon similaire, les personnages sont désignés par des déterminants indéfinis (« un créditeur », « un banquier »). Ces choix discursifs tendent à généraliser les propos du poète et à leur conférer la valeur d'une expérience universelle : quiconque ira à Rome et exercera la charge d'intendant sera confronté à ces déceptions. C'est une manière à la fois de transformer le vécu en leçons de vie susceptibles d'être transmises et de rendre des critiques sous-jacentes compréhensibles par tous **[Q3]**.

II. La dénonciation critique d'une autorité envahissante

A. Une série de prescriptions et d'interdits. Du Bellay a choisi de construire son sonnet sur une série de verbes à l'infinitif : on en compte dix-neuf au total. Il s'agit d'un choix rhétorique immédiatement visible qui confère au poème une mélodie particulière, celle d'un règlement ou d'un extrait de Code civil. Du Bellay propose en quelque sorte les lois implicites, tacites, qui régissent la vie sociale romaine. Ces infinitifs sont souvent précédés de négations : sous cette forme, ils fonctionnent comme des injonctions restrictives ou, pour le dire autrement, comme une série d'interdits. Les négations en anaphore (strophe 2) ont valeur d'insistance et évoquent le rythme d'une litanie : l'agacement du poète est ainsi nettement perceptible **[Q4]**.

B. Une critique de l'hypocrisie codifiée. Le poète met au jour l'hypocrisie générale régissant les relations sociales, qui se réduisent à « flatter » et à « courtiser ». Plusieurs effets de répétition lui permettent d'exhiber l'écart qui sépare en permanence ce que l'on pense et ce que l'on doit dire. Ainsi, le chiasme « répondre / un mot / un quart d'heure / songer » (v. 4) insiste sur l'absence de spontanéité des discours et sur le calcul perpétuel qui les régit. Plus loin, la répétition du déterminant « tout » (« tout venant » / « tout cela », v. 7) dénonce le fonctionnement paradoxal des échanges, où la franchise semble réservée à quelques privilégiés. Enfin, le parallélisme de construction, doublé d'une anaphore (« d'autant que [...] d'autant plus », v. 10-11), insiste lui aussi sur l'anormalité de la situation : plus on est puissant et reconnu – et donc en théorie libre –, plus au contraire l'on doit se surveiller **[Q5]**.

C. La liberté d'expression mise à mal. Ces prescriptions et interdictions régissent les relations sociales, en particulier les discours. Le champ lexical de la parole est omniprésent dans le poème (« flatter », « courtiser », « son parler », « pour répondre », « Ne dire », « gouverner l'étranger » – au sens de « s'adresser à » –, « se garder que l'on ne soit repris », « de chacun faire compte »). Le terme clé, « son parler », est d'ailleurs un infinitif substantivé : ici, ce choix en accord avec l'idéal de la *Défense* est mis à profit pour dénoncer une rigidification de la parole, laquelle est uniformisée et tellement codifiée que la personnalité individuelle ne peut plus s'y exprimer **[Q6]**.

III. La pratique du sonnet familier pour sauver la liberté d'expression

A. « La liberté de France » ou l'expression d'une nouvelle forme de nostalgie. L'absence de liberté d'expression est d'autant plus douloureuse au poète qu'il fait de cette dernière l'une des caractéristiques de son pays natal : « la liberté de France » (v. 3). Ce faisant, il évoque en filigrane l'ensemble des recherches et des activités linguistiques portées par les humanistes et les poètes français (voir dossier de l'édition). Une autre forme de regret s'exprime donc ici : la nostalgie d'une langue libre et déliée, de vers « ailés » (voir sonnet LXI de *L'Olive* ou sonnet CLXXI des *Regrets*) où l'on peut se dévoiler pleinement **[Q7]**.

B. « Un maigre discours » *vs* un sonnet. Ainsi, les expressions qui caractérisent les discours dans ce sonnet sont marquées par le dénuement : peu d'adjectifs, peu de comparaisons ou de métaphores. Les types de discours mentionnés, « un mot » (v. 4) ou encore « un maigre discours » (v. 8), soulignent la pauvreté des échanges. En choisissant les infinitifs comme forme névralgique de son poème, du Bellay donne à voir ce laconisme de la parole, réduite à sa pure fonction utilitaire. C'est tout le contraire de la parole poétique telle qu'elle s'illustrait notamment dans *L'Olive*, riche en figures et en métaphores ! En ce sens, écrire un sonnet à partir de cette matière est un tour de force poétique **[Q8]**.

C. Des innovations poétiques malgré tout ? C'est pourquoi on peut se demander si le sonnet épistolaire, de style simple et non plus élevé comme dans *L'Olive*, ne constitue pas à lui seul un lieu où le poète retrouve « la liberté de France », en y laissant libre cours à ses émotions – la déception, l'aigreur, la dénonciation satirique – et à ses opinions. Bien plus, le choix d'une inspiration basse constitue à lui seul une innovation poétique qui contraste cette fois-ci nettement avec les idéaux exprimés dans la *Défense* : du Bellay témoigne ainsi de sa capacité à évoluer et à se réinventer poétiquement, y compris (et peut-être surtout) en exil **[Q9]**.

EXPLICATION LINÉAIRE : SONNET CXIX (« BRUSQUET À SON RETOUR... »)

Selon le temps disponible, on peut proposer une seconde étude de texte sous forme d'une explication linéaire qui s'appuiera sur les questions du parcours de l'édition.

Le corrigé de cette explication linéaire et celui de la question de grammaire qui lui est associée sont disponibles dans les ressources pédagogiques dédiées au titre sur le site de la collection : **lesateliersactessud.fr**.

BILAN ET PROLONGEMENTS

Pour clore la séance, on demande aux élèves de résumer les enjeux des *Regrets*, en insistant sur le fait qu'il ne s'agit pas uniquement d'une suite de sonnets élégiaques ou de plaintes épistolaires, mais aussi d'un recueil pensé et travaillé par le poète pour mettre à l'honneur un style plus simple et familier et par là se faire connaître à la cour de France.

DEVOIRS

Les activités situées à la fin du parcours dans l'édition (rubrique « Tisser des liens personnels avec le texte ») peuvent être données en travail à la maison.
Une lettre de doléances. L'exercice de fin de séance propose de circuler dans le recueil et d'explorer d'une manière différente la rhétorique épistolaire. C'est aussi une manière d'envisager l'exil sous différents angles. On valorisera les travaux qui auront su mobiliser, pour chaque argument, un registre adéquat (celui de la plainte ou de la satire), et qui auront su trouver des citations tirées d'autres poèmes que ceux étudiés en classe.
Un étrange séjour romain… La question d'expression libre peut être rédigée dans un carnet de lecture personnel. Il s'agit de formuler des éléments de réponse à la problématique d'ensemble, en explorant les bénéfices potentiels de l'exil : désillusion romaine mais renforcement du patriotisme français, invention d'un nouveau style d'écriture, évolution des thèmes poétiques, développement d'un esprit critique, etc.

La fureur des *Antiquités* et du *Songe*

Séance 5
2 h 30

SUPPORTS	OBJECTIFS	ACTIVITÉS
– Les sonnets issus des *Antiquités* et du *Songe* – « L'atelier de lecture » : parcours consacré aux *Antiquités* et au *Songe*	– Comprendre les notions d'*ethos* et d'inspiration – Étudier l'importance des modèles et de l'imitation à la Renaissance	– Synthèse d'une exposition numérique – Analyse transversale d'une œuvre – Commentaire de texte (facultatif) – Écriture argumentative et / ou expression libre

Cette séance est consacrée à deux recueils plus difficiles d'accès, *Les Antiquités de Rome* et *Le Songe*. Le commentaire de texte est facultatif, mais l'étude d'ensemble apportera un bon prolongement à ce qui a déjà été fait, en explorant la question du rapport aux modèles à la Renaissance.
Cette séance s'appuie sur le troisième parcours de lecture du dossier de l'édition (rubrique « Questionner les textes »), consacré aux *Antiquités* et au *Songe*, que les élèves auront préparé avant chaque temps de cours de la séance.

ENTRÉE DANS *LES ANTIQUITÉS* ET *LE SONGE* PAR UNE EXPOSITION EN LIGNE

Le parcours de lecture propose tout d'abord des éléments contextuels, en prenant appui sur l'exposition en ligne de la BNF « Dessins de l'Antiquité », section « Dessins d'antiquités romaines au XVIe siècle ». On en fait un résumé, en montrant les raisons pour lesquelles Rome attirait les artistes et les poètes :
– fascination pour la beauté de textes antiques redécouverts, traduits et diffusés en Europe grâce à l'imprimerie ;
– admiration pour les œuvres d'art antiques exhumées par des fouilles archéologiques, notamment à Rome ;
– désir de restaurer et de conserver ces textes et ces œuvres qui émeuvent par leur fragilité (d'où la multiplication de dessins, collections, musées, notes et récits).
Dans l'exposition, des émotions variées se dégagent des dessins d'Hendrick Van Cleve, en raison de leurs jeux contrastés de couleurs, tailles et plans : admiration, fascination et nostalgie. À partir de cette étude, on invite les élèves à interroger l'importance de l'Antiquité dans la poésie de la Renaissance, en formulant la problématique suivante : « Quel est le rôle des modèles antiques dans l'écriture poétique de du Bellay ? »

ÉTUDE D'ENSEMBLE DES *ANTIQUITÉS* ET DU *SONGE*

On répond oralement aux questions de l'« étude d'ensemble » proposées dans le dossier de l'édition.

Des représentations ambivalentes de Rome

Dans les *Antiquités*, du Bellay donne à voir une image valorisante de Rome, mais de la Rome du passé : « votre los [...] vif par vos beaux vers », « votre gloire plus belle » (s. I), « la gloire Ausonienne » (s. XXV), « ce vieil honneur poudreux » (s. XXVIII), « L'antique honneur du peuple à longue robe » (s. XXXII). À l'inverse, des expressions antithétiques comme « quel orgueil, quelle ruine » (s. III des *Antiquités*), « tout n'est rien que vanité » (s. I du *Songe*) ou encore « les faibles fondements de la grande Cité » (s. XIV du *Songe*) insistent sur la vanité des manifestations physiques de cette gloire. Ainsi, la représentation de Rome exhibe l'écart entre le passé et le présent, entre le faste de l'un et la ruine de l'autre, dont du Bellay a fait la satire dans les *Regrets* **[Q1]**. Cette ambivalence est sans cesse explorée. Ainsi, le sonnet III des *Antiquités* repose sur la figure de l'antanaclase (répétition d'un même mot employé dans deux sens différents), avec la reprise du nom de la ville de Rome, qui désigne soit la Rome antique fantasmée, soit la Rome contemporaine défigurée. Par exemple, la mise en valeur emphatique (« Et ces vieux murs, c'est ce que Rome on nomme »), la répétition du verbe « dompter » sous forme d'abord transitive (« Pour dompter tout ») puis réfléchie (« se dompta quelquefois ») ou bien encore le rejet « Le Tibre seul... / Reste de Rome » qui crée un effet de chute brutale, traduisent l'amertume du poète. Le désenchantement s'avère en même temps fécond pour la création **[Q2]**.

Des regrets à la « fureur » poétique et philosophique

Ce constat amer entraîne une interrogation sur le temps, « qui tout consomme » (s. III des *Antiquités*), et sur la vanité de toute chose terrestre, par opposition à l'essence divine. Ainsi, l'expression « mondaine inconstance » (s. III des *Antiquités* et s. I du *Songe*), par ses résonances bibliques (« Vanité des vanités. Tout est vanité », Ecclésiaste, I, 2), souligne le caractère éphémère de toute chose du monde (« mondaine », au sens propre), comme le fait également le champ lexical de la ruine dans l'ensemble des sonnets **[Q3]**. C'est le poète qui prend en charge le travail de mémoire, en invoquant de nouvelles sources d'inspiration : des « Divins Esprits » (les mânes des personnages ayant marqué l'histoire de Rome), il appelle « l'antique fureur » (s. I des *Antiquités*) ; il rêve de posséder aussi la puissance poétique d'Orphée et d'Amphion, deux personnages aux charmes magiques (s. XXV des *Antiquités*) ; dans le *Songe* (s. I), c'est même un « Démon » (une créature surnaturelle) qui lui inspire ses visions. Toutes ces figures instaurent un changement de tonalité par rapport aux *Regrets*, placés sous le signe du hasard, de la spontanéité et de la familiarité : du Bellay exécute cette fois-ci, au moins en imagination, des rituels incantatoires (voir s. I des *Antiquités*) pour charger sa poésie de pouvoirs nouveaux. Le lyrisme s'élève vers une dimension plus philosophique **[Q4]**.

Puissance et pouvoirs de la poésie

C'est que sa tâche est immense : animé par la déception et l'amertume, il entend, au moins dans les *Antiquités*, ressusciter la Rome du passé. Ainsi, le « petit tableau » qu'est son poème « Se pourra bien vanter d'avoir hors du tombeau / Tiré des vieux Romains les poudreuses reliques » (s. « Au roi ») et son « luth » « D'avoir chanté, le premier des François, / L'antique honneur du peuple à longue robe ». Par ces déclarations, du Bellay fait de la poésie un art magique (un « *carmen* », un « charme »), capable par de simples mots de faire renaître des ruines au moyen de descriptions et d'images **[Q5]**. Du Bellay consacre la supériorité des arts poétiques sur l'architecture ou la sculpture, dans la mesure où les monuments « en papier » (s. XXXII) sont davantage susceptibles de résister au passage du temps (les livres peuvent être copiés, diffusés, lus pendant des siècles ; les paroles même restent dans les esprits et les mémoires, car elles sont immatérielles). Fort de ce constat, du Bellay entend bien transformer sa déception en projet d'écriture pour fonder un nouveau genre poétique en langue française, celui de la *Romae descriptio*. Cela peut expliquer son enthousiasme, son espoir d'être lu par « la postérité » (s. XXXII) et surtout d'être salué par le roi, dans la mesure où il illustre ainsi le rayonnement de la nation française **[Q6]**.

COMMENTAIRE DE TEXTE : SONNET XXV (« QUE N'AI-JE ENCORE... »)

Selon le temps disponible, on peut proposer un dernier commentaire guidé. On commence par lire le poème et on en fait une brève présentation, avant de répondre aux questions du parcours, afin de construire le commentaire en classe. On trouvera ce commentaire rédigé dans les ressources pédagogiques dédiées au titre sur le site de la collection : **lesateliersactessud.fr**.

BILAN ET PROLONGEMENTS

On conclut l'analyse en insistant sur le renouvellement de l'*ethos* de du Bellay, de jeune amant passionné à un poète inspiré, qui s'affirme avec et contre des modèles illustres ; on fait remarquer également combien les représentations de l'inspiration diffèrent – de la souffrance volontaire de *L'Olive* à l'ardeur claironnante à vocation patriotique des *Antiquités*.

Pour aller plus loin, on pourra étudier la sélection 2 du « Coin des arts » (« Figures du poète de l'Antiquité à nos jours »), qui explore différents aspects de la condition du poète – de l'enthousiasme orphique aux embarras concrets de la vie quotidienne, de l'idéal d'une inspiration divine et spontanée aux tourments véritables de la création.

DEVOIRS

Les activités situées à la fin du parcours dans l'édition (rubrique « Tisser des liens personnels avec le texte ») peuvent être proposées en travail à la maison.

« *Ut pictura poesis* » (Horace) : la rivalité entre les arts. Cette expression écrite est de nature argumentative ; elle pourra prendre la forme d'un essai libre. L'objectif principal est d'entraîner les élèves à utiliser des exemples – citations poétiques ou analyses d'œuvres. Ce travail doit ainsi les aider à se constituer une banque d'arguments et d'analyses littéraires et / ou artistiques en vue de l'exercice de dissertation.

La « fureur poétique ». La question d'expression libre peut être rédigée dans un carnet de lecture personnel. On invite les élèves à résumer les différentes sources d'inspiration évoquées dans les *Antiquités* et *Le Songe* (les mânes des morts, les poètes antiques comme Orphée ou Virgile, un « Démon ») et à les envisager comme des représentations figurées d'un phénomène difficile à décrire mais universel.

Synthèse : illustrer la langue française par la poésie

Séance 6
1 h

SUPPORTS	OBJECTIFS	ACTIVITÉS
– L'intégralité du recueil – « L'atelier de lecture » : « Synthétiser »	– Resituer l'ensemble du parcours poétique de du Bellay au regard des objectifs de la Pléiade – Comprendre les enjeux linguistiques de la création poétique	– Réponses à un questionnaire et synthèse – Entraînement à l'entretien avec l'examinateur (oral du bac)

Cette séance vise à synthétiser l'ensemble du parcours pour répondre à la problématique. On invite ensuite les élèves à préparer en autonomie des arguments pour la question d'entretien à l'oral du bac.

LE POINT SUR L'ITINÉRAIRE POÉTIQUE DE DU BELLAY

Dans *L'Olive*, la passion amoureuse est associée au registre lyrique élogieux et au style pétrarquiste, qui mobilise des figures de l'opposition autant que des analogies. Dans *Les Regrets*, la nostalgie de l'exil suscite une écriture satirique et élégiaque à la fois ; son style est plus familier (au sens de simple), avec toutefois des figures de répétition comme l'anaphore ou le parallélisme ; l'inspiration est plus personnelle quoique certains modèles puissent être évoqués (voir Ovide, dans le groupement de textes 2 proposé dans l'édition). Dans les *Antiquités* et *Le Songe*, la déception et la colère donnent naissance à une poésie satirique et furieuse, caractérisée par de nombreuses analogies (métaphores, allégories, comparaisons) mais aussi par des figures d'insistance comme les parallélismes et les hyperboles ; les sources d'inspiration sont davantage érudites (Orphée ou Virgile ; textes bibliques avec le Livre de la Sagesse, l'Ecclésiaste et l'Apocalypse de Jean) **[Q1]**. On constate ainsi que l'itinéraire – tant géographique que poétique – dessiné par le poète au gré d'expériences fortes est varié, aussi bien dans son contenu que dans ses pratiques : l'œuvre de du Bellay est emblématique de l'idéal renaissant de *varietas*. On insiste toutefois sur la cohérence formelle de ce parcours, assurée par l'engagement du poète au service de la nation française et surtout de sa langue (voir séance 1) et par des choix novateurs – le genre du sonnet, dont on peut ainsi observer la malléabilité, la plasticité [Q2]. On conclut en montrant que, parce qu'elle permet d'explorer les différentes dimensions de la langue (les registres, les champs lexicaux, les types de poèmes, les modalités énonciatives), la pratique de la *varietas* a pu assurément jouer un rôle essentiel dans les ambitions d'illustrer et d'enrichir la langue française portées par du Bellay et la Pléiade [Q3].

IMPRESSIONS DE LECTURE : VERS L'ORAL DU BAC

On aide ici les élèves à développer les différentes pistes formulées dans le dossier de l'édition, à partir de trois arguments au moins. On leur suggère par exemple de rédiger trois lignes par argument. Selon le temps disponible, on les fait s'entraîner à l'entretien de l'oral du bac par petits groupes (certains élèves jouent le rôle de candidats exposant les arguments qu'ils auront mémorisés et les autres d'examinateurs).
Pour prolonger la séance, on pourra réaliser avec les élèves l'activité proposée dans « L'atelier libre » du dossier de l'édition, à la maison ou en classe.

Évaluation finale

Séance 7
2 h

SUPPORT	OBJECTIFS	ACTIVITÉ
« L'atelier de lecture » : « Synthétiser », rubrique « Vers la dissertation »	– S'approprier les formes de création poétique étudiées au cours de la séquence – Réutiliser des citations de l'œuvre en tant qu'exemples commentés	Dissertation

Le format de l'évaluation finale est laissé à la libre appréciation du professeur. Dans un souci de diversification des ressources proposées dans cette séquence, on s'appuie ici sur les sujets de dissertation offerts dans l'édition.
Modalités : les élèves ont deux heures pour traiter le sujet. À partir du plan proposé, ils doivent rédiger l'introduction et une partie ou une sous-partie. On peut leur laisser l'ouvrage à disposition, en leur

recommandant de ne pas perdre trop de temps à le feuilleter. Nous indiquons ici des plans possibles pour le corrigé de chacun des sujets.

Sujet 1. Dans quelle mesure la poésie de Joachim du Bellay a-t-elle le pouvoir de transformer la réalité ?

I. Sa poésie peut améliorer une réalité décevante : un amour malheureux ou la vie en exil

II. Sa poésie donne une nouvelle forme à ce qui existe en modifiant les faits véritables

III. Sa poésie instaure un monde parallèle à la réalité

Sujet 2. Dans les recueils de Joachim du Bellay, les contraintes formelles sont-elles un obstacle ou un atout pour la liberté d'expression du poète ?

I. Les contraintes formelles risquent de brider l'inventivité du poète

II. ... mais, à condition d'être acceptées, elles peuvent aussi stimuler sa créativité

III. ... car les contraintes qu'il se donne à lui-même sont toujours chargées de sens

SÉQUENCE RÉDIGÉE PAR ADÈLE PAYEN DE LA GARANDERIE

Le Dernier Jour d'un condamné

Victor Hugo

Parution le 18 août 2021

9782330149659 – 3,90 € – 192 p.
Édition avec cahier photos

SÉQUENCE 2

Comment plaider contre la peine de mort dans un roman ?

Ressources en ligne lesateliersactessud.fr

- Extraits de l'édition
- Tableau synoptique de la séquence
- Fiches enseignant (corrigés complémentaires)
- Petite bibliothèque numérique

Trois bonnes raisons d'étudier *Le Dernier Jour d'un condamné* au lycée

Lire un auteur patrimonial

Auteur prolifique et populaire, écrivain engagé et homme politique, Victor Hugo s'est battu pour la liberté d'expression, la justice sociale et la dignité humaine jusque dans l'exil et jusqu'à la fin de sa vie.

S'il a fallu attendre près d'un siècle après la mort de l'auteur pour que l'abolition de la peine capitale soit votée, elle est l'un des grands combats de sa vie et un thème central de son œuvre dès ses premiers écrits. En témoigne *Le Dernier Jour d'un condamné*.

Étudier une œuvre majeure de la littérature d'idées

Journal intime fictif d'un condamné à mort dans l'attente angoissée de son exécution, ce texte poignant, paru anonymement en 1829, est complété par Victor Hugo trois ans plus tard, en 1832, d'une préface qui situe l'œuvre à la croisée des genres romanesque et argumentatif.

Dans le cadre de l'objet d'étude de seconde « la littérature d'idées et la presse du XIXe au XXIe siècle », on s'intéressera au roman pour sa valeur d'apologue (argumentation indirecte), mais aussi à sa préface, pour sa valeur de réquisitoire contre la peine de mort (argumentation directe).

S'initier à l'argumentation et à l'art oratoire

Permettant aux élèves d'exercer leur esprit critique, cette lecture sera l'occasion de s'intéresser à un grand débat éthique, toujours d'actualité, et plus largement d'aborder les questions du jugement et de la pénalité. Les réflexions ouvertes par l'œuvre seront nourries par les supports complémentaires de l'édition. Ainsi, des extraits issus de textes phares du genre romanesque et de la littérature d'idées depuis les Lumières permettront une étude approfondie de l'argumentation et de l'art oratoire autour de cet enjeu : comment convaincre par les mots ? Enfin, un cahier photos et des planches de bande dessinée souligneront la dimension argumentative de l'image.

Charlotte Laugraud de Sainte Hermine,
agrégée de lettres modernes

Présentation

Qu'est-ce qu'être condamné à mort? Quelles sont les pensées de celui qui connaît la date et l'heure de sa mort? Qu'est-ce que mettre sa plume au service d'une idée? Voici les questions auxquelles propose de s'intéresser cette séquence consacrée à l'étude du *Dernier jour d'un condamné*, de Victor Hugo.

Les élèves seront invités à suivre le cheminement intérieur d'un personnage dont ils liront le journal intime, et à s'interroger plus largement sur un grand débat d'idées : celui de la peine de mort. Le dossier de l'édition proposé par « Les Ateliers d'Actes Sud » privilégie une découverte progressive de l'œuvre organisée autour de quatre parcours, suivant la chronologie du texte, du roman de 1829 (les trois premiers parcours) à la préface de 1832 (le dernier parcours). C'est cette progression qu'épousera la séquence, pensée comme un laboratoire d'observation sur les liens entre les genres romanesque et argumentatif. En effet, comme le déclare l'auteur dans la préface, « *Le Dernier Jour d'un condamné* n'est autre chose qu'un plaidoyer, direct ou indirect, comme on voudra, pour l'abolition de la peine de mort ».

Aussi cette séquence sera-t-elle organisée en trois temps : après une séance introductive, on étudiera le récit à proprement parler et les ressorts de l'argumentation indirecte (séances 2 à 6), avant d'analyser la préface et les procédés de l'argumentation directe (séances 7 à 10 – la séance 8 étant consacrée en grande partie à une évaluation). Mettant en œuvre des activités variées, à l'écrit comme à l'oral, elle alternera des lectures guidées par des questions transversales, destinées à s'assurer de la bonne compréhension du texte, et des études approfondies d'extraits, sous la forme de commentaires et d'explications linéaires. Des recherches documentaires, des exposés et des écritures d'invention permettront une appropriation de l'œuvre, et la lecture de textes complémentaires (prenant appui sur les deux groupements situés à la fin de l'édition) élargira la perspective en l'ouvrant à d'autres textes narratifs et argumentatifs.

Il sera bienvenu de commencer cette étude après une séquence consacrée au narratif (« le roman et le récit ») pour bénéficier des acquis des élèves sur le genre. On recommande que les élèves entreprennent la lecture du roman après la séance introductive et l'étude de l'*incipit* : ils auront ainsi découvert le texte *in medias res* et commencé à élaborer des hypothèses de lecture. Ils poursuivront ensuite leur progression dans l'œuvre au fur et à mesure de l'avancée dans la séquence. Pour la première séance, on leur demandera d'effectuer des recherches sur la vie et l'œuvre de Victor Hugo.

Mise en œuvre

Entrer dans l'œuvre

Séance 1
1 h[1]

SUPPORTS	OBJECTIFS	ACTIVITÉS
– Recherches documentaires des élèves – « Sur le seuil » : BD constituant l'avant-texte de l'édition – « L'atelier de lecture » : « Aborder par la BD »	– Mieux connaître la vie et l'œuvre de Victor Hugo – Comprendre la place du *Dernier jour d'un condamné* dans le combat de l'auteur contre la peine de mort – Entrer dans un débat d'idées – Problématiser la séquence	– Recherche documentaire – Réalisation d'une fiche biographique ou exposé sur l'auteur – Lecture d'images

Cette séance introductive vise à éveiller la curiosité des élèves et à leur donner envie de lire l'œuvre de Victor Hugo. Elle permet aussi de problématiser la séquence. Elle s'appuie sur les recherches documentaires des élèves et sur les planches de bande dessinée qui ouvrent l'édition, lesquelles mettent en lumière les moments forts du combat de l'auteur contre la peine de mort : 1832 et 1848.

1. Toutes les durées mentionnées sont indicatives.

ACTIVITÉ PRÉPARATOIRE : BIOGRAPHIE DE L'AUTEUR

Après un bref échange oral qui aura précédé la séquence – que savent-ils de Victor Hugo ? Quelles œuvres de l'écrivain peuvent-ils citer ? –, on aura demandé aux élèves de compléter leurs connaissances par un travail de recherches sur l'auteur, à restituer, au choix, sous forme de fiche biographique (au format papier ou numérique, accompagnée d'images) et/ou d'exposé oral devant la classe. Ils aborderont la vie de Victor Hugo, son œuvre, son combat pour l'abolition de la peine de mort et éventuellement sa lutte contre la misère. On aura réparti les supports entre les élèves, notamment les rubriques « Dans l'atelier de Victor Hugo » et « Chronologie » du dossier de l'édition, les sites Internet dédiés à l'auteur (par exemple victor-hugo.org), les émissions radiophoniques (par exemple l'émission *Une vie, une œuvre* sur France Culture du 3 novembre 2018, franceculture.fr/emissions/une-vie-une-oeuvre/victor-hugo-linsurge-1802-1855).
Pendant la séance, la présentation de quelques exposés, enrichis par la classe, remobilise les connaissances des élèves sur Victor Hugo. On ramassera les fiches biographiques et, en guise de synthèse, on distribuera à chacun d'eux l'une d'elles, particulièrement réussie.

ENTRÉE DANS L'ŒUVRE PAR LA BANDE DESSINÉE : LE COMBAT D'UNE VIE

Après cette introduction, les élèves s'intéressent aux planches de BD qui ouvrent l'édition, inspirées à la fois de la préface de 1832 et d'un discours de Victor Hugo prononcé à l'Assemblée en 1848. Ils répondent aux questions 1, 2, 3 et 5 qui s'y rapportent (rubrique « Aborder par la BD » dans le dossier de l'édition).
Le personnage principal de ces planches est Victor Hugo, qui ici se prononce contre la peine de mort. En 1832, il rédige une célèbre préface (planche 1), qui rend explicite la fonction argumentative du *Dernier jour d'un condamné*, récit publié trois ans plus tôt. En 1848 (planches 2 à 5), il prononce à l'Assemblée constituante un discours non moins célèbre visant à abolir la peine capitale **[Q1 à Q3]**.
Les prises de position de l'homme politique complètent donc celles de l'écrivain (première planche) ou encore du dessinateur (sixième planche). Victor Hugo apparaît ici comme un homme qui multiplie les formes

d'expression au service des causes qu'il défend : « l'abolition pure, simple et définitive de la peine de mort », « la justice », le progrès social (« détruire la misère ») et l'éducation (« détruire l'ignorance »). L'engagement de Victor Hugo est précoce (en 1829, quand il écrit *Le Dernier Jour d'un condamné*, il a vingt-sept ans) et durable (jusqu'à la fin de sa vie) **[Q5]**.

PROBLÉMATISATION DE LA SÉQUENCE

On formule une première problématique pour la séquence : comment plaider contre la peine de mort dans un roman ? On pourra la compléter lors de la séance 2, en lui ajoutant une dimension générique : *Le Dernier Jour d'un condamné* est-il un journal intime fictif, un roman ou un plaidoyer ?

DEVOIRS

Pour la séance suivante, les élèves découvrent la rubrique de l'édition intitulée « Les textes ont une histoire » et prennent connaissance des supports qu'elle réunit : extraits de textes et dessin de Victor Hugo. Diversement datées et empruntant des formes et des genres variés, toutes ces œuvres évoquent la peine de mort. Elles témoignent de la permanence de l'engagement de l'auteur.

Un *incipit* saisissant

Séance 2
2 h

SUPPORTS	OBJECTIFS	ACTIVITÉ
– *Le Dernier Jour...*, chapitre I – « L'atelier de lecture », premier parcours dans l'œuvre (« Le journal d'un procès ») : « Explication linéaire »	– Comprendre les enjeux et l'atmosphère du récit – Étudier un moment clé du roman, l'*incipit*, et percevoir ses différentes fonctions – S'initier à l'explication linéaire	Explication linéaire

Cette séance permet d'entrer dans l'œuvre par l'étude de l'*incipit*, dont il s'agit de saisir les fonctions et les enjeux. Elle invite aussi à percevoir l'atmosphère sur laquelle s'ouvre le roman. Enfin, elle est l'occasion d'initier les élèves à l'explication linéaire, exercice oral du baccalauréat, en prenant appui sur les questions du premier parcours de lecture proposé par le dossier de l'édition (« Questionner au fil du texte » : « Le journal d'un procès »).

EXPLICATION LINÉAIRE : UNE CONFRONTATION PROGRESSIVE À L'« IMPLACABLE IDÉE » (*INCIPIT*)

L'extrait correspond à l'*incipit* – mot emprunté au latin, qui signifie : « (ici) commence (le livre) ». Il s'agit d'un *incipit in medias res*, qui projette d'emblée le lecteur « au milieu des choses », au cœur de l'histoire. L'analyse insistera sur le point de vue interne et la tonalité pathétique déployés par ce début de roman.

Vers l'introduction

Le tout premier mot du texte renseigne sur le cadre spatial de l'histoire : « Bicêtre », une célèbre prison parisienne, où étaient détenus les condamnés à mort. La situation du narrateur-personnage, qu'indiquait déjà le titre du livre, se trouve confirmée : « Condamné à mort ! » Les phrases suivantes fournissent une indication temporelle importante (« Voici cinq semaines » qu'il connaît sa condamnation), sans que le lecteur puisse dater plus précisément l'action. Ce début remplit les fonctions traditionnelles de l'*incipit* de roman, qui vise à donner des informations utiles à la compréhension de l'histoire (un condamné à mort tient un journal intime dans sa prison), à installer une atmosphère (ici, par la tonalité pathétique) et un style qui suscitent un effet d'attente (suspense).
Les élèves relisent le texte afin d'en repérer la progression, à partir de l'antithèse entre « Autrefois », qui renvoie à la vie heureuse du héros avant sa condamnation, racontée à l'imparfait, et « Maintenant », qui rapporte, au présent, sa situation depuis que le verdict est tombé. On peut en déduire un mouvement organisé en deux ou trois étapes, par exemple :

1. « Condamné à mort ! » : l'annonce du verdict ;
2. « Autrefois » : la vie d'avant ;
3. « Maintenant » : la situation présente du condamné à mort.

En s'appuyant sur ce qui précède, on pourra formuler le projet de lecture suivant : on se demandera dans quelle mesure l'auteur, restituant par la forme du journal intime les pensées d'un condamné à mort, réussit à proposer un *incipit* original et saisissant.

Vers l'explication (étayage)

Premier mouvement : l'annonce du verdict. Le début du livre est rendu particulièrement saisissant par la première phrase, nominale et exclamative, qui réduit le premier paragraphe à un cri : « Condamné à mort ! » Recourant encore à la forme exclamative dans la seconde phrase, le narrateur rend compte de l'obsession qui l'oppresse grâce à l'anaphore de l'adverbe « toujours », connotant ici la fatalité (« poids »), à l'adjectif « seul » et aux participes, « glacé », « courbé », suggérant son angoisse. Ces procédés insistent sur l'effroi ressenti à l'idée de sa condamnation à mort.

Deuxième mouvement : la vie d'avant. Le deuxième mouvement est dominé par l'imparfait (« s'amusait »), qui présente des faits passés, habituels ou installés dans la durée. Le narrateur énumère les divagations (« fantaisies ») de sa vie passée, habitées par des images positives (« jeunes filles », « théâtres », « promenades », « fête dans [s]on imagination ») et témoignant de l'esprit libre et insouciant qui était alors le sien (« les unes après les autres », « sans ordre et sans fin »). Le caractère heureux de ces pensées est mis en valeur par l'antithèse qui les oppose à sa situation présente (« j'étais libre », fin du troisième paragraphe ; « Maintenant je suis captif », début du quatrième paragraphe).

Troisième mouvement : la situation de condamné. Dans les paragraphes suivants, dominés par le présent, le narrateur évoque sa situation. Dans le quatrième paragraphe, la tonalité est pathétique. L'énumération d'adjectifs dépréciatifs (« Une horrible, une sanglante, une implacable idée ! ») traduit l'horreur ressentie par le personnage. Au paragraphe suivant, la personnification de l'idée même de la condamnation à mort (« infernale », « seule et jalouse »), qui l'associe à un fantôme (« spectre de plomb à mes côtés »), souligne l'évolution du texte vers une tonalité fantastique. Le narrateur est comme possédé.

Vers la conclusion

Cet *incipit in medias res* remplit sa fonction informative. En déployant les tonalités pathétique et fantastique, qui seront omniprésentes dans le roman, il est programmatique du reste de l'œuvre. Par le monologue intérieur, il plonge le lecteur dans les pensées du narrateur confronté à l'idée terrifiante de son exécution. Ce début de roman, particulièrement vivant et dramatisé, est donc à la fois source d'inquiétude et de suspense : le condamné pourra-t-il échapper à sa condamnation? Comment supportera-t-il ses derniers jours d'existence avant l'échéance fatidique?

DEVOIRS

Pour la séance 3, les élèves s'entraîneront à lire oralement l'extrait étudié en suivant les « Conseils de lecture » de l'édition. Ils poursuivront leur progression dans l'œuvre jusqu'au chapitre VIII et répondront aux questions 1 et 2 de « L'étude d'ensemble » portant sur le chapitre II.

Le journal d'un procès

Séance 3
1 h 30

SUPPORTS	OBJECTIFS	ACTIVITÉS
– *Le Dernier Jour...*, chapitre II – « L'atelier de lecture », premier parcours dans l'œuvre (« Condamné à mort ! ») : « Étude d'ensemble » – « Résonances et rebonds », groupement de textes 2 (« Cas d'affaires »)	– Faire le point sur la narration dans ce début de roman – Étudier le récit du procès – Lire d'autres récits de procès célèbres	– Analyse transversale – Lecture de textes complémentaires

Dans cette séance, on fait le choix de se concentrer essentiellement sur le chapitre II, dans lequel le héros revient sur un moment clé de son histoire : son procès.
On étudie le récit rétrospectif correspondant à l'annonce du verdict en s'appuyant sur les questions 1, 2, 4 et 5 de l'étude d'ensemble du premier parcours de lecture de l'édition (« Questionner au fil du texte » : « Condamné à mort ! »). La question 6, qui renvoie la lecture du chapitre VIII, permet d'éclairer le sens à donner au titre du roman.
La séance complète ensuite la réflexion sur la justice et la pénalité développée dans ces pages à l'aide des textes complémentaires réunis dans le dossier de l'édition (groupement 2, « Cas d'affaires »).

Le narrateur et sa situation

À l'oral, on commence la séance par un point rapide sur la narration : elle est faite à la première personne, le narrateur est donc intérieur à l'histoire ; il est le personnage principal – le condamné à mort. La focalisation interne donne accès aux pensées du personnage sous la forme d'un long monologue intérieur **[Q1]**.

Ce choix narratif ainsi que les indications spatio-temporelles du début apparentent le texte à celui d'un journal intime. Les deux premiers chapitres donnent des précisions concrètes sur le lieu : « la dalle mouillée et suante de ma cellule » (I) ; « la paille de mon cachot », « l'étroite et haute fenêtre » (II) **[Q2]**.

Le récit d'une condamnation

Au chapitre II, le narrateur revient sur une étape majeure de son procès : sa condamnation à mort. Il énumère les figures de la justice présentes, qui rendent la scène réaliste : « des juges, des témoins, des avocats, des procureurs du roi », « les jurés », « deux gendarmes », le public et les gardes, le « président », « un jeune assesseur », l'« avocat » du condamné, « le greffier »... **[Q4]**.

On sait qu'il est jugé pour un crime, puisqu'il est aux assises, mais on ne sait pas lequel – cette ellipse est source de suspense jusqu'à la fin du roman. Le récit de la condamnation est particulièrement dramatisé (choix du récit rétrospectif, anaphore de « trois jours » – la durée du procès –, antithèse entre le cadre – la « belle matinée d'août » – et la condamnation sinistre). Enfin, l'annonce du verdict par la foule crée un effet de surprise chez le lecteur, comme si le condamné était trop choqué pour rapporter lui-même la condamnation **[Q5]**.

À la fin du chapitre II, une jeune fille, entendue par le prisonnier depuis sa cellule, l'avertit du temps restant avant son exécution : « ce sera dans six semaines ! ». Le lecteur, qui se souvient des « cinq semaines » (chapitre I), en déduit qu'il ne lui reste plus qu'une semaine à vivre. On invite les élèves à relire le chapitre VIII, dans lequel le personnage « compt[e] ce qui [lui] reste », en énumérant les différents délais, notamment celui du pourvoi en cassation, avant de conclure : « voilà cinq semaines au moins, six peut-être, je n'ose compter». S'agit-il donc bien du «dernier jour [du] condamné», comme l'annonce le titre **[Q6]** ?

SYNTHÈSE

On pourra demander aux élèves quelle image le chapitre II donne de la justice, à travers ce procès théâtral, mené par des acteurs indifférents à l'accusé, qui prononcent un verdict effroyable devant un public avide de sensations : cette justice est-elle vraiment humaine (voir la rubrique «Tisser des liens personnels avec le texte» à la fin du premier parcours de lecture de l'édition)?

OUVERTURE : GROUPEMENT DE TEXTES

Cette réflexion sur la justice sera enrichie par celle qu'offrent les textes proposés dans le second groupement de l'édition intitulé «Cas d'affaires». On pourra notamment s'attarder sur l'extrait de *L'Étranger*, d'Albert Camus, en répondant à la question qui lui est associée : lorsque le narrateur fait le récit de son procès, il s'étonne des discours du procureur et de son avocat, très similaires dans leur contenu, et qui tentent moins de comprendre ce qu'il a fait que de chercher à supposer qui il est. L'accusé se sent exclu de son propre procès («en dehors de moi», «sans qu'on prenne mon avis»); le verdict lui apparaît «étranger». Le narrateur (et à travers lui, l'auteur) semble dénoncer le système judiciaire qui impose un sens arbitraire aux faits. Ce texte pourra être mis en regard de l'extrait de *Meursault contre-enquête*, de Kamel Daoud. On attirera l'attention des élèves sur les différents questionnements philosophique, judiciaire et psychologique que le narrateur de ce roman soulève, à propos du meurtre de «l'Arabe» dans *L'Étranger* : le crime reste selon lui inexpliqué et en cela «absolument impuni», et le procès néglige la victime et ses proches.

FAIRE DES LIENS

On invitera les élèves à relever les points communs entre le chapitre II du *Dernier jour d'un condamné* et l'extrait de *L'Étranger* : l'objectivation ressentie par les accusés, qui paraissent «dépossédés» de leurs crimes; le sentiment d'irréalité qu'ils partagent en assistant à des procès trop codifiés; enfin, la lassitude et l'ennui qui s'emparent d'eux.

Chacune de ces œuvres littéraires livre une critique subtile de la machine judiciaire en mettant en scène des procès fictifs. Les lecteurs ressentent de l'empathie pour l'accusé, s'interrogent sur l'humanité de son procès et de sa condamnation.

DEVOIRS

Les élèves continuent la lecture du roman jusqu'à la fin du chapitre IX et relisent le chapitre VI : ils répondent aux questions 1, 2 et 3 qui ouvrent le commentaire de texte proposé dans le premier parcours de lecture de l'édition (« Questionner au fil du texte » : « Condamné à mort ! »).

La dimension réflexive du texte : pourquoi écrire ?

Séance 4
2 h

SUPPORTS	OBJECTIFS	ACTIVITÉ
– *Le Dernier Jour...*, chapitre VI – « L'atelier de lecture », premier parcours dans l'œuvre (« Condamné à mort ! ») : « Commentaire de texte »	– Comprendre les fonctions de l'écriture dans l'œuvre – S'interroger sur le genre du texte : journal intime fictif ? monologue intérieur ? – S'initier au commentaire de texte, à partir d'un passage clé de l'œuvre	Commentaire de texte

Dans cette séance, il s'agit d'étudier un passage qui offre une clé de lecture du roman. En effet, l'extrait du chapitre VI choisi comme support de commentaire littéraire révèle les enjeux à la fois narratifs, testimoniaux et argumentatifs du journal tenu par le narrateur ; ce faisant, il conduit les élèves à s'interroger sur les visées de l'écriture et sur le destinataire de l'œuvre : à qui s'adresse Victor Hugo à travers ce témoignage fictif ?

La fin de séance sera consacrée à un bilan sur le premier parcours dans l'œuvre, entamé lors de la séance 2.

I. Se raconter

A. Les marqueurs du journal intime. Dans ce passage, la première personne du singulier est omniprésente, ainsi que la modalité interrogative. Le narrateur semble dialoguer avec lui-même : « Pourquoi n'essaierais-je pas de me dire à moi-même tout ce que j'éprouve de violent ? » **[Q1]**.

B. Une pensée agonisante. Le personnage donne ici l'image d'un « moi » souffrant, pensant et écrivant. Il évoque directement son intériorité et rappelle ce qui le constitue, en tant qu'humain : « la pensée », « une intelligence » et « une âme ». Mais il se décrit en proie à une « pensée agonisante » (voir le champ lexical : « angoisses », « terreurs », « tortures »). L'extrait est donc fortement pathétique **[Q2]**.

C. La chronique d'une mort programmée. L'extrait révèle également la manière dont le narrateur envisage le temps, son passage ininterrompu et inéluctable, « de cette heure à la dernière » : le temps est borné par l'échéance tragique de la mort annoncée. Enfin, le texte donne l'impression d'un discours quotidien immédiat, progressif et réflexif : « heure par heure, minute par minute » **[Q3]**.

II. Analyser

A. Une écriture réflexive. Le champ lexical de l'écriture souligne la dimension réflexive du texte (« de quoi user cette plume et tarir cet encrier », « ce que j'écrirai »...) : le narrateur cherche ici à comprendre et à justifier son besoin d'écrire **[Q4]**.

B. Les fonctions de l'écriture. Les périphrases permettent de décrire les modalités et la mission de l'écriture, éclairant ce qu'elle est – tant sur la forme que sur le fond (« ce journal de mes souffrances ») –, la conduite qu'elle se fixe – l'idéal d'objectivité rapporté à un contenu subjectif (« ce procès-verbal de la pensée agonisante ») –, et la fonction analytique qu'elle se donne (« autopsie intellectuelle »). Moyen d'expression et d'analyse, l'écriture a aussi une fonction utilitaire (c'est une occupation mentale qui permet de réduire l'angoisse) et une fonction de témoignage et d'« enseignement » **[Q5]**.

III. Condamner et convaincre

A. La dénonciation de la violence. Le narrateur se représente la peine de mort de manière concrète. Il en souligne la violence, depuis l'annonce du verdict (« la formule expéditive d'un arrêt de mort ») jusqu'à la vision objective et triviale de l'échafaud (« la chute verticale d'un couteau triangulaire »), qui confronte le lecteur à l'horreur de la peine capitale **[Q6]**.

B. L'espoir d'une résonance future. À partir du deuxième paragraphe, le texte est caractérisé par la modalité interrogative et par la présence du futur de l'indicatif, à valeur de projection dans l'avenir : « cette histoire [...] ne portera-t-elle point avec elle un grand et profond enseignement ? », « Ces feuilles les détromperont ». L'anaphore de l'adverbe « peut-être » confirme l'espoir que le texte sera publié, lu et « peut-être pas inutile », c'est-à-dire porteur d'une réflexion **[Q7]**.

C. Une dimension didactique. Cet extrait explicite donc la mission de ce « journal » : il doit avoir une utilité sociale. Les champs lexicaux croisés de l'apprentissage (« un grand et profond enseignement », « leçon »...) et de la réflexion (« pensée », « réfléchi »...) déploient la tonalité didactique. Le narrateur désigne son destinataire : « ceux qui condamnent », c'est-à-dire les juges et plus largement tous les partisans de la peine de mort (mentionnés par un « ils » accusateur) **[Q8]**.

Conclusion

Les élèves rédigent la conclusion, en deux temps : le bilan du commentaire, suivi d'une ouverture.

Dans cet extrait réflexif, mêlant les tonalités pathétique et didactique, le narrateur s'interroge sur son besoin d'écrire, ainsi que sur les modalités et les fonctions de l'écriture. Il veut faire réfléchir les partisans de la peine de mort en attirant leur attention sur le caractère inhumain de cette condamnation. Ce faisant, le journal fictif se fait l'écho du projet de l'auteur, qu'il affirme en creux.

En guise d'ouverture, les élèves peuvent faire des hypothèses sur la suite de l'histoire : à ce stade du récit, le héros a peu de chances d'être sauvé, même si deux sources d'espoir, peu réalistes, demeurent pour lui : le pourvoi en cassation et la grâce du roi. Aussi peut-on lire ce journal à la fois comme un témoignage et comme un testament. Ce passage gagnera aussi à être mis en relation avec la préface de 1832, dont il constitue une ébauche.

SYNTHÈSE SUR LES CHAPITRES I À IX : PORTRAIT DU NARRATEUR ET LECTURE DE SON « TESTAMENT »

En guise de synthèse sur les chapitres I à IX du roman, les élèves esquisseront un portrait du personnage principal, complété lors d'un échange oral (voir question 3 de l'étude d'ensemble, dans « Questionner au fil du texte » : « Condamné à mort ! »). On attend qu'ils relèvent que le lecteur sait *a priori* peu de choses du héros, même si des détails permettent de mieux le connaître. Il s'agit d'un personnage jeune, cultivé, « raffiné par l'éducation » (chapitre III), qui maîtrise le langage soutenu, l'écriture et même le latin (chapitre V). D'où le contraste avec les autres prisonniers de Bicêtre, qui viennent d'un milieu plus populaire et s'expriment en argot. Enfin, le chapitre IX donne des indications sur sa situation familiale : il est marié et père d'une « petite fille de trois ans ».

On pourra d'ailleurs lire le chapitre IX à voix haute en classe et faire réagir les élèves à la découverte de ce « testament » (voir question 8 de l'étude d'ensemble). Celui-ci est particulièrement pathétique (« Je laisse une mère, je laisse une femme, je laisse un enfant »), voire tragique, puisque le narrateur annonce, comme conséquence de son exécution, les décès à venir de sa mère et de sa femme, en mettant en accusation, de manière polémique, la justice elle-même (« trois veuves du fait de la loi »). On peut donc conclure cette séance sur la double dimension du texte, narrative et argumentative.

DEVOIRS

Les élèves poursuivent la lecture du roman, des chapitres X à XXI. Ils préparent les questions 1 à 3 de l'étude d'ensemble du deuxième parcours de lecture (dossier de l'édition, section « Questionner au fil du texte » : « Le quotidien du prisonnier »).

Un texte documentaire sur la prison

Séance 5
1 h

SUPPORTS	OBJECTIFS	ACTIVITÉS
– *Le Dernier Jour...*, chapitres X à XXI – « L'atelier de lecture », deuxième parcours dans l'œuvre (« Le quotidien du prisonnier ») : « Étude d'ensemble » – Caricature d'Honoré Daumier (cahier photos)	– Percevoir le réalisme de l'œuvre – Étudier la description – S'interroger sur le traitement des prisonniers	– Analyse transversale – Lecture d'image

Cette séance s'intéresse aux chapitres X à XXI, en analysant notamment leur aspect descriptif et documentaire, et en repérant les accents fantastiques de certains passages. Elle prend appui sur l'étude d'ensemble du deuxième parcours de lecture proposé dans l'édition (« Questionner au fil du texte » : « Le quotidien du prisonnier »).
Un commentaire de texte consacré au ferrage des forçats (chapitre XIII) sera donné en fin de séquence, en guise d'évaluation (voir séance 8).

ÉTUDE D'ENSEMBLE DES CHAPITRES X À XXI

L'horrible réalité

Au chapitre X, le narrateur décrit sa cellule de manière particulièrement réaliste : il en donne les mesures (« Huit pieds carrés ») et les matériaux (« Quatre murailles de pierre »), en dénonce la rudesse (« botte de paille » pour dormir, « pas de fenêtre ») et la saleté (« toiles d'araignée »), et recourt à des périphrases largement dépréciatives : « ma loge », expression ironique, ou encore « cette boîte de pierre », qui évoque autant la cellule que le cercueil **[Q1]**.

Au chapitre XIII, le condamné assiste au ferrage des forçats, « une chose hideuse », une pratique déshumanisante, qui suscite la compassion du héros **[Q2]**.

La chanson entendue par le condamné au chapitre XVI a sur lui un effet ambivalent que soulignent les antithèses (il en est « à la fois blessé et caressé »). Certes, elle est chantée par « la voix pure, fraîche, veloutée d'une jeune fille de quinze ans», mais les «monstrueuses paroles» qui racontent, en «hideux argot», une histoire sinistre semblable à la sienne créent chez lui un terrible «désappointement» : l'«horrible complainte» le laisse «navré, glacé, anéanti» **[Q3]**.

Le repli dans l'imaginaire

La cellule a conservé la trace des prisonniers passés : ses parois sont «couvert[e]s d'écritures, de dessins, de figures bizarres, de noms» (chapitre XI). Le condamné trouve alors une «étrange» occupation nocturne : «la lecture de [s]on mur» (chapitre XII) **[Q4]**.

Mais au chapitre XII, l'angoisse, qui se manifeste aussi physiquement («frisson de fièvre»), le fait basculer dans le délire : il voit revenir dans sa cellule les anciens condamnés, tels des fantômes («Ô les épouvantables spectres!»), dans un épisode teinté de fantastique.

Au chapitre suivant, la confrontation aux regards des forçats désignant sa fenêtre depuis la cour provoque chez le condamné «un cri» d'effroi puis son évanouissement (voir séance 8) **[Q5]**.

Face à l'horreur de sa situation, le narrateur imagine aux chapitres XV et XVII une issue «magique» : il rêve d'évasion. Au chapitre XVII, il envisage cette possibilité au conditionnel (qui sert à exprimer le souhait) : «je me cacherais jusqu'au soir. / La nuit tombée, je reprendrais ma course» **[Q6]**.

Des visites de mauvais augure

À l'interrogation du condamné au chapitre XVIII («Est-ce que ce serait pour aujourd'hui?») répond, comme un écho, l'affirmation au chapitre XIX («C'est pour aujourd'hui!»). Dans chacun de ces chapitres, le condamné reçoit une visite : d'abord celle du guichetier de garde de la prison (chapitre XVIII), qui souhaite savoir «ce qu'[il] désir[e] à déjeuner»; ensuite celle du «directeur de la prison lui-même», qui lui «demand[e] en quoi il p[eu]t [lui] être agréable ou utile». Le condamné déduit chaque fois de cette politesse et de cette bienveillance inattendues du personnel pénitencier que le jour de son exécution est arrivé **[Q7]**.

Au chapitre XXI, c'est d'abord un prêtre qui rend visite au prisonnier, afin de le «prépare[r]» à la mort. Puis, c'est un huissier. Accompagné du directeur de la prison, cet homme apporte au condamné un message du procureur général, contenant «le rejet de [s]on pourvoi» ainsi que l'annonce de son exécution. Ces visites successives provoquent chez le condamné un sentiment de renoncement (« Tout est fini, bien fini »), puis des bouleversements physiques (« ma vue s'est troublée, une sueur glacée », « bourdonnements »), et enfin un désir désespéré d'échapper à la fatalité (« Il faut que je m'évade ! ») **[Q8]**.

SYNTHÈSE ET OUVERTURE (ÉTUDE D'IMAGE)

Ces chapitres sont caractérisés par un grand réalisme, dans la description du quotidien des prisonniers et des réactions du condamné. Les élèves peuvent s'appuyer sur les questions de « Bilan et prolongements » proposées dans le dossier pour conclure sur la dimension symbolique de certains épisodes (chapitre XIII) et sur la portée argumentative d'autres (chapitres XII et XIII, qui mettent en lumière la violence de la condition de prisonnier) **[Q1 et Q2]**. On retrouve une double dimension figurative et argumentative dans la caricature d'Honoré Daumier (cahier photos), qui dénonce le caractère sans issue d'une prison royale : le prisonnier n'en sort que sur une civière, c'est-à-dire mort.

DEVOIRS

Tout en continuant la lecture du roman, du chapitre XXII à la fin, les élèves préparent les questions 1 à 6 du troisième parcours de lecture proposé dans l'édition (« Questionner au fil du texte » : « Chronique d'une mort imminente »).

Chronique d'une mort imminente

Séance 6
2 h

SUPPORTS	OBJECTIFS	ACTIVITÉS
– *Le Dernier Jour...*, chapitres XXII à XLIX – « L'atelier de lecture », troisième parcours dans l'œuvre (« Chronique d'une mort imminente ») : « Étude d'ensemble »	– Percevoir la dimension émotionnelle du texte – Étudier les relations entre le héros et les autres personnages – Étudier la fin du roman	– Analyse transversale – Activité d'écriture

Le récit étant raconté par le condamné à mort, le roman prend fin quelques instants avant son exécution. Comment l'auteur met-il en scène les derniers moments de vie de son personnage ? Tel est l'enjeu des chapitres XXII à XLIX. En s'appuyant sur l'étude d'ensemble du dernier parcours de lecture proposé par l'édition (« Questionner au fil du texte » : « Chronique d'une mort imminente »), on soulignera la forte dimension émotionnelle de cette fin de roman, dominée par les tonalités pathétique et tragique, ainsi que sa portée argumentative.

ÉTUDE D'ENSEMBLE DES CHAPITRES XXII À XLIX

Le dernier lieu

Au chapitre XXII, le condamné est transféré à la Conciergerie. Il ne s'agit pas à proprement parler de son ultime destination, puisqu'il est ensuite déplacé dans « Une chambre de l'Hôtel de ville » (chapitre XLVIII) qui préfigure la place de l'Hôtel de ville, où ont lieu les exécutions **[Q1]**.
La cellule décrite par le condamné au chapitre XXV rappelle le « cachot » qu'il présentait au chapitre X : « quatre murs, avec beaucoup de barreaux à la fenêtre et beaucoup de verrous à la porte ». À sa demande, le condamné bénéficie d'« une table, une chaise, et ce qu'il faut pour écrire », autant de précisions qui apportent au récit un effet de réel : le journal intime semble s'écrire sous nos yeux et nous avons l'impression qu'il s'agit d'un authentique manuscrit **[Q2]**.

Les dernières rencontres

Durant le transfert (chapitre XXII), le condamné est accompagné d'un prêtre et d'un huissier. Les propos du prêtre sont pour le condamné « un bruit de plus », une « chute de paroles monotones », qui le laissent indifférent et seul. Quant à l'interruption de l'huissier, elle est particulièrement déplacée, caractérisée par « mille billevesées » : celui-ci ne manifeste aucune attention à l'égard du condamné présent à côté de lui, ni empathie ni pudeur **[Q3]**.
Au chapitre XXIII, le personnage principal découvre dans sa cellule « un friauche » : ce mot d'argot (la langue des prisonniers, des voleurs, des exclus de la société) signifie « condamné à mort ». Il s'agit donc d'un homme qui vient d'être condamné et va occuper sa place à Bicêtre en

attendant son exécution. Celui-ci lui raconte ensuite son histoire, dont voici les grandes étapes : fils de voleur, orphelin à l'âge de six ans, puis mendiant, il commence à voler à neuf ans. Arrêté, il est condamné à quinze ans de bagne dans des conditions indignes. À sa sortie, alors qu'il est décidé à vivre honnêtement, il est confronté à l'absurdité d'un système qui empêche la réinsertion des anciens prisonniers. Affamé, il est contraint de se remettre à voler et arrêté immédiatement, pour un simple vol de pain. Cette récidive le condamne à nouveau au bagne, cette fois à *perpétuité*. Il réussit à s'évader, mais sans papiers, sans argent, il n'a d'autre issue que de rejoindre un groupe de hors-la-loi : « Je me mis à tuer pour vivre. » Par cette formule ramassée et antithétique, le personnage dénonce ce dilemme tragique : soit il tue (pour manger), soit il meurt (de faim, de misère). Cette manière de présenter les choses met en cause la société (argumentation indirecte), qui ne lui laisse d'autre solution que le recours à la violence, et son cercle vicieux. Devenu vieux, il est arrêté une dernière fois et cette fois condamné à la peine de mort **[Q4]**.

Le condamné rencontre également d'autres personnages : l'aumônier (chapitre XXX), l'architecte (chapitre XXXI) et le gendarme (chapitre XXXII). Le prêtre (chapitre XXX) se lance dans « une espèce de sermon sentimental et d'élégie théologique », « une leçon déjà vingt fois récitée », là où le condamné aurait attendu des paroles réconfortantes. Ensuite, le « sous-architecte employé à la prison » (chapitre XXXI), venu mesurer la cellule, s'extasie devant lui des travaux à venir de réfection de la prison. Enfin, la rencontre avec le gendarme (chapitre XXXII) est « une chose ridicule », qui rend le héros « muet et plus désespéré » encore. De même que lors du transfert (chapitre XXII), ces rencontres sont donc marquées par l'absence d'empathie et suscitent en lui un sentiment de solitude et de désespoir **[Q5]**.

Cet état est encore renforcé lors de sa dernière rencontre avec sa fille (chapitre XLIII) : l'enfant, âgée de six ans seulement, n'a pas vu son père depuis un an ; elle ne le reconnaît pas et le repousse, comme s'il était un étranger (elle l'appelle « Monsieur » et le vouvoie). Pour le condamné, il s'agit d'une seconde condamnation, une peine de mort symbolique qui redouble la condamnation judiciaire, sa fille indiquant d'ailleurs à son sujet : « il est mort ».

Si, à la fin du chapitre XLVI, il formule le désir d'écrire son histoire pour sa fille, le chapitre suivant, qui annonce contenir « [S]ON HISTOIRE », reste vide, simplement accompagné d'une note et d'une hypothèse de l'éditeur (en l'occurrence, l'auteur, Victor Hugo) : « On n'a pas pu encore retrouver les feuillets », « Peut-être [...] le condamné n'a-t-il pas eu le temps de les écrire ». Le commentaire laisse penser que le désir ultime du condamné, qui consistait à donner à lire à sa fille sa propre version des faits, est resté sans suite **[Q6]**.
À la fin du roman, les indications temporelles, multiples et particulièrement précises, donnent l'impression d'un compte à rebours tragique : « Une heure vient de sonner » (chapitre XXXIV), « Il est une heure et quart », « Encore deux heures et quarante-cinq minutes » (chapitre XXXVIII) **[Q7]**.

Les dernières heures avant l'exécution

Se succèdent dans les derniers chapitres l'évocation nostalgique de souvenirs heureux (au chapitre XXXIII, sa vie d'« écolier rieur et frais » et son premier amour) et le constat tragique de sa situation présente, suscitant en lui des manifestations physiques d'angoisse (« Une violente douleur de tête. Les reins froids, le front brûlant. [...] des tressaillements convulsifs », chapitre XXXVIII). Ses dernières pensées alternent entre l'horreur de la décapitation, l'exhortation au courage (chapitre XLI) et l'espoir vain de sa grâce (deux derniers chapitres) **[Q8]**.
Le champ lexical employé pour décrire les préparatifs de l'exécution, place de Grève (« spectateurs heureux de leurs belles places », « On louait des tables, des chaises », chapitre XLVIII), comme l'insistance sur l'impatience de la foule (« une clameur furieuse », « Le voilà ! le voilà ! a crié la foule »), dont l'excitation semble particulièrement indécente, font penser à un spectacle. L'exécution du condamné est un divertissement pour le peuple **[Q9]**.

SYNTHÈSE

On conclut sur la puissance pathétique, tragique et parfois lyrique de ces chapitres, ainsi que sur leur portée argumentative, à l'image de cette phrase clé, que les élèves pourront commenter : « Misérable ! quel crime j'ai commis, et quel crime je fais commettre à la société ! » (XXVI). On termine l'étude par la lecture orale du dernier chapitre (XLIX) et un échange au sujet de ce dénouement, particulièrement dramatisé (voir question 1 de « Bilan et prolongements »).

ACTIVITÉ D'APPROPRIATION : ÉCRITURE

Le roman terminé, on propose une activité d'invention consistant à reconstituer le récit manquant du chapitre XLVII (sujet 2 de la rubrique « Tisser des liens personnels avec le texte » qui clôt le troisième parcours de lecture). On récapitule les attentes du récit rétrospectif (énonciation à la première personne, temps passés) et on rappelle que le narrateur s'adresse à sa fille. Les élèves peuvent relire les chapitres qui évoquent l'enfant (chapitres XXIV, XLIII), et s'appuyer sur le portrait du condamné établi à la fin de la séance 4. Ils tâchent d'imaginer les éléments manquants de « [S]ON HISTOIRE », par exemple son crime, en mettant l'accent sur les circonstances atténuantes, afin de susciter la compassion de la fillette – et du lecteur.

DEVOIRS

Lire entièrement la préface de 1832 et répondre aux questions de l'étude d'ensemble qui s'y rapportent dans le dossier de l'édition (« Questionner au fil du texte » : « Une argumentation maîtrisée »).
Pour la séance 9, on donnera aux élèves un travail de recherches sur la peine de mort en France ou dans le monde à réaliser individuellement ou en binôme : il sera l'objet d'un ou deux exposés. On les invitera à s'appuyer notamment sur les repères chronologiques donnés par l'édition.

Une œuvre engagée : la préface, un texte politique

Séance 7
2 h

SUPPORTS	OBJECTIFS	ACTIVITÉS
– *Le Dernier Jour...*, préface de 1832 – « L'atelier de lecture », quatrième parcours dans l'œuvre (« Une argumentation maîtrisée ») : « Étude d'ensemble » et « Explication linéaire » – « Sur le seuil » : BD constituant l'avant-texte de l'édition	– Étudier un texte relevant de l'argumentation directe – Comprendre les enjeux politiques du roman : cible et visée – Questionner le genre de l'œuvre (« plaidoyer direct ou indirect » ?) et en percevoir la dimension polémique	– Analyse transversale – Explication linéaire – Entraînement à l'oral : mettre en voix un discours – Lecture d'image

Après avoir perçu la part d'argumentation indirecte du récit, il s'agit dans un dernier temps d'étudier l'argumentation directe mise en œuvre par Victor Hugo dans la préface. On procède d'abord à l'étude d'ensemble de ce texte à l'aide des questions du parcours de lecture proposé dans l'édition (« Questionner au fil du texte » : « Une argumentation maîtrisée »), puis à une explication linéaire guidée sur un extrait.

ETUDE D'ENSEMBLE (PRÉFACE)

L'auteur au lecteur

On invite d'abord les élèves à visualiser à nouveau la première planche de la bande dessinée qui ouvre l'édition, sur laquelle figure l'auteur en train de rédiger sa préface. On leur demande également de relever à la fin de la préface l'indication temporelle datant précisément son écriture : le 15 mars 1832. Victor Hugo s'y désigne lui-même, en tant qu'auteur, à la troisième personne du singulier : « l'auteur de ce livre » **[Q1]**.

Il y explicite la fonction argumentative et la portée politique du roman : « *Le Dernier Jour d'un condamné* n'est autre chose qu'un plaidoyer, direct ou indirect, comme on voudra, pour l'abolition de la peine de mort. » Il lève le voile sur le statut du livre, qui apparaît comme un roman à thèse, un récit mis au service d'une idée ou d'une cause, autrement dit un apologue. L'auteur désigne également ici l'une des cibles visées par son ouvrage : les juges (« Ce livre est adressé à quiconque juge ») **[Q2]**.

Il justifie ensuite le choix d'un condamné anonyme et peu caractérisé, dont on ne connaîtra jamais le crime, parce qu'il s'agit de « plaider la cause d'un condamné quelconque, exécuté un jour quelconque, pour un crime quelconque ». Selon lui, c'est en mettant de côté le cas particulier qu'un réquisitoire général contre la peine de mort peut être mené **[Q3]**.

Le réquisitoire contre la peine de mort

Dans un premier temps, pour nourrir ce réquisitoire, Victor Hugo récapitule les occasions qui auraient pu conduire à l'abolition de la peine de mort : l'espoir suscité par « la révolution de Juillet », seule « digne et capable d'abolir la peine de mort », et la proposition d'abolition de la peine de mort faite à l'Assemblée, la même année, en octobre 1830, finalement écartée pour éviter l'exécution de « quatre malheureux ministres pris la main dans le sac des coups d'État » – l'auteur regrettant que cette dernière tentative n'ait pas été au service de « la cause du peuple » **[Q4]**.

Il complète cet historique par une énumération des cas d'exécutions qui ont eu lieu depuis 1830 : celles particulièrement ratées et inhumaines qui se sont déroulées à Pamiers, en septembre 1831, et à Dijon, à la fin de la même année ; celle qui est intervenue en février 1832, à Paris, à l'aube et en cachette – ce qui trahit, selon lui, une honte de la peine infligée **[Q5]**.

Dans un deuxième temps, après cet exposé des faits, l'auteur passe à l'argumentation directe : « Voilà assez de faits. [...] Qu'avez-vous à alléguer pour la peine de mort ? », en s'adressant ici de manière polémique aux partisans de la peine de mort. Il reprend alors leurs trois principaux arguments, avant d'en proposer une réfutation : 1. La peine de mort n'est pas nécessaire pour éliminer un criminel et l'empêcher de nuire à nouveau : la prison à perpétuité suffit.

2. La société ne doit pas chercher à se venger (ce qui relève de l'individu), ni à punir (car le châtiment est réservé à Dieu) : elle doit « corriger pour améliorer ».

3. La peine de mort n'est pas dissuasive : la certitude du supplice n'empêche pas les criminels de passer à l'acte. Si la théorie de l'exemple fonctionnait, alors les exécutions publiques auraient toujours lieu ; or, elles sont désormais secrètes.

Et l'auteur de conclure : « Toutes les raisons pour la peine de mort, les voilà donc démolies. » Par la logique, par la raison, par l'évidence, il a montré l'inutilité de la peine de mort **[Q6]**.

Le plaidoyer pour l'abolition

L'auteur revendique non « seulement l'abolition de la peine de mort », mais aussi « un remaniement complet de la pénalité sous toutes ses formes ». En accordant à la société le temps d'une réflexion générale et collective sur la peine de mort et, plus largement, sur le système judiciaire, Victor Hugo montre qu'il est un penseur et un homme politique raisonnable et lucide. Il évoque même la nécessité d'une suppression progressive de la peine de mort, d'abord pour les cas des meurtres « par passion » **[Q7 et Q9]**.

Ensuite, l'auteur se projette dans l'avenir – c'est le dernier moment de la préface, dominé par le futur : « cette question [...], [a]vant peu, la société entière la résoudra comme nous » ; « L'infâme machine partira de France ».

Il visualise donc une nouvelle société, organisée autour d'une nouvelle justice [Q8].

Une argumentation maîtrisée

Les questions 10 et 11 permettent de formuler un bilan sur la préface. On peut récapituler ses grandes étapes, pour aider les élèves à mieux situer l'extrait étudié ensuite en explication linéaire :
1. L'auteur au lecteur; 2. L'historique des faits; 3. Le réquisitoire contre la peine de mort (réfutation des arguments des partisans de cette condamnation); 4. Un plaidoyer visionnaire en faveur de l'abolition [Q10]. On résume les moyens rhétoriques principaux mis en œuvre par Victor Hugo pour déployer une argumentation réussie : l'énonciation (« nous » inclusif et « vous » accusateur, avec une désignation explicite des destinataires et des cibles); la structuration du texte par de nombreux connecteurs logiques (« D'abord », « Mais », « Reste la troisième et dernière raison »); le choix d'exemples récents (pour ses contemporains), choquants et particulièrement persuasifs, ainsi que les références précises à l'histoire de son temps; les types de phrases et leur visée oratoire (les phrases exclamatives; les interrogations rhétoriques et les phrases déclaratives); leur rythme (rythme ternaire solennel); enfin le mélange des tonalités (pathétique et polémique en particulier) [Q11].
À l'issue de l'étude d'ensemble de la préface, on invite les élèves à préparer l'explication linéaire qui suit dans le dossier de l'édition.

EXPLICATION LINÉAIRE : DISCOURS D'UN ABOLITIONNISTE

Vers l'introduction

Cet extrait de la préface se situe après le récapitulatif des exécutions ratées. Arrivé à la fin de son historique (« Voilà assez de faits »), l'auteur commence ce qui constitue le deuxième temps de son argumentation : le réquisitoire contre la peine de mort, à travers la réfutation des arguments de ses partisans.
Le jeu de questions et de réponses mis en place par l'auteur (« À quoi bon la mort? [...] faites mieux votre ronde ») rappelle la forme du dialogue, confirmée par l'énonciation. D'un côté, il mobilise les abolitionnistes avec le pronom collectif, inclusif, « nous »; de l'autre, il vise les partisans de la peine capitale, désignés par un « ils » accusateur (« Voyons, qu'ils donnent

leurs raisons»), ou interpellés directement, à la deuxième personne («Qu'avez-vous à alléguer pour la peine de mort?»). Il s'adresse donc *in fine* à tous : les juges, les partisans et les abolitionnistes, et la société en général.

Les connecteurs logiques révèlent la structure du texte. Celui-ci commence par deux phrases introduisant le débat («Voyons»), puis s'organise autour des trois grands arguments des abolitionnistes (voir question 6 de l'étude d'ensemble), reformulés, puis réfutés de la manière suivante :

1. La peine de mort n'est pas utile pour protéger la société (à partir de «D'abord»; réfutation du premier argument).
2. La peine de justice doit chercher à améliorer l'individu (à partir de «Mais»; réfutation du deuxième argument).
3. La peine de mort n'est pas dissuasive («Reste la troisième et dernière raison» jusqu'à la fin; réfutation du troisième argument).

On termine l'introduction en présentant le projet de lecture : en quoi cet extrait fait-il entendre un réquisitoire contre la peine de mort, qui le rattache à deux genres : la préface et le discours?

Vers l'explication (étayage)

Par l'emploi de l'impératif dès la première phrase du texte et de phrases interrogatives dans le deuxième paragraphe, cet extrait peut faire penser à un discours.

Victor Hugo reformule d'abord l'un des arguments majeurs des partisans de la peine de mort : elle permet de «retranch[er]» de la société «un membre qui lui a déjà nui». Il le réfute ensuite par une première affirmation («la prison perpétuelle suffirait»), puis par une succession de questions rhétoriques («À quoi bon la mort?», «comment osez-vous avoir des ménageries?») et un impératif («faites mieux votre ronde») sollicitant directement les partisans. Enfin, une dernière affirmation, explicite et sentencieuse, proche d'une maxime, vient clore ce premier mouvement : «Pas de bourreau où le geôlier suffit».

Le deuxième argument en faveur de la peine de mort reformulé par Victor Hugo est celui de la nécessité de punir – isolé plus loin par des guillemets («punir pour se venger»). À nouveau, l'auteur le réfute en ayant recours à une succession d'affirmations qui ont valeur de vérité générale («Se venger est de l'individu, punir est de Dieu. / La société est entre deux»).

L'auteur termine sa réfutation par une affirmation à valeur de contre-argument, soulignée par l'italique (« la société [...] doit *corriger pour améliorer* ») et par un impératif adressé aux législateurs (« Transformez de cette façon la formule des criminalistes »).

« La troisième et dernière raison » évoquée par Victor Hugo est « la théorie de l'exemple », qu'il vient mettre à mal par une succession d'exclamatives (« Il faut faire des exemples ! il faut épouvanter [...] ! »), qui rendent le texte particulièrement vivant. S'y ajoute une série de phrases déclaratives rejetant ce dernier argument, grâce à deux occurrences du verbe de négation « nier ». Enfin, dans une dernière affirmation, l'auteur conclut que la peine de mort n'est pas dissuasive, mais a au contraire des effets moraux négatifs sur le peuple, avant de mettre fin au débat par une prétérition (« les preuves abondent, et encombreraient notre raisonnement si nous voulions en citer »).

SYNTHÈSE : ENTRAÎNEMENT À LA LECTURE ORALE

On invite les élèves à mettre en voix l'extrait qui a fait l'objet de l'explication linéaire, en suivant les conseils de lecture. On rappelle, à titre de synthèse, que celui-ci s'inscrit dans le genre du discours et qu'il est remarquable par sa puissance oratoire. L'enjeu de cette lecture est donc pour les élèves de travailler leur éloquence, c'est-à-dire leur capacité à toucher et à persuader par la parole.

DEVOIRS

Pour préparer l'évaluation finale, les élèves travaillent les questions figurant dans la section « Synthétiser », afin de vérifier leur compréhension de l'œuvre. Ils peuvent relire l'ensemble des synthèses rédigées depuis le début de la séquence, et revoir la méthodologie du commentaire en reprenant celui réalisé dans la séance 4.

Synthèse et évaluation

Séance 8
1 h + 2 h

SUPPORTS	OBJECTIFS	ACTIVITÉS
– *Le Dernier Jour...* – « L'atelier de lecture » : « Synthèse »	– Synthétiser : avoir une vision de l'ensemble du roman – Réviser et vérifier les acquis de la séquence – Réaliser un commentaire de texte	– Questions de synthèse – Commentaire de texte (évaluation finale)

Au terme de la lecture de l'œuvre, cette séance permet d'en proposer une vision d'ensemble et de vérifier les acquis des élèves (littéraires, notionnels et méthodologiques). Le premier temps, employé à un bilan oral sur le texte, s'appuie sur les questions de la section « Synthétiser » du dossier de l'édition. Le second temps est consacré à l'évaluation finale. Elle consiste à réaliser le commentaire guidé d'un extrait du roman : « Le ferrage des forçats » (chapitre XIII ; voir deuxième parcours de lecture de l'édition). Nous en donnons ici le corrigé.

COMMENTAIRE DE TEXTE : LE FERRAGE DES FORÇATS, UN SPECTACLE ÉPROUVANT (CHAPITRE XIII)

L'extrait décrit avec réalisme un rituel connu à l'époque de l'auteur : le ferrage des forçats, avant leur départ pour le bagne.

I. Une scène triviale et violente

A. Une scène réaliste. Le réalisme de cette scène tient à son cadre (la cour, marquée par la « boue » et les « pavés inondés ») et aux actions évoquées, que l'auteur a réellement observées à Bicêtre : « la visite des médecins, la visite des geôliers [...], le ferrage », puis la « danse » des forçats, interrompue par le « déjeuner ». La description du ferrage est très précise et concrète : le lexique met l'accent sur les outils et matériaux utilisés (« masses de fer », « marteau », « enclume »...), qui créent un effet de pittoresque et donnent l'impression d'un témoignage authentique **[Q1]**.

B. Des forçats déshumanisés. Les forçats subissent une grande violence et sont déshumanisés tant par les « colliers » qu'on leur met que par les « coups de bâton » qu'ils reçoivent des « gardes-chiourme » : ils sont traités comme des animaux, du bétail. Le lecteur éprouve de l'empathie pour eux, et de la colère devant cette pratique injuste et inhumaine [Q2].

C. Une tonalité pathétique. Donnant à voir les réactions des forçats, « sombres », « sinistres » et pleurant, et celles du narrateur, dont l'empathie est explicite (« Un profond sentiment de pitié me remuait jusqu'aux entrailles, et leurs rires me faisaient pleurer »), cette scène est empreinte de *pathos* [Q3].

II. Un spectacle fascinant

A. Le point de vue du narrateur. Le narrateur fait figure de spectateur fasciné (« J'observais ce spectacle étrange avec une curiosité si avide, si palpitante, si attentive ») [Q4].

B. Un spectacle animé. La scène rapportée est particulièrement animée, comme le montrent les champs lexicaux croisés du « spectacle » (deux occurrences), de la « danse » (« ronde immense », « ils tournaient »...) ou encore de la chanson (« une chanson du bagne, une romance d'argot », « en cadence »...). L'atmosphère créée est à la fois joyeuse et inquiétante, par ses « cris grêles » et ses « acclamations furibondes » [Q5].

C. Une scène hypnotique. Le soleil joue ici un rôle d'actant ou d'embrayeur : « il mettait le feu à tous ces cerveaux ». Il a également une fonction dramatique et symbolique : il illumine la scène et lui confère une dimension spectaculaire et fantastique. En effet, le personnage semble en proie à une vision, une hallucination : la vitesse de la danse lui donne l'impression d'une transe et l'étrange mélange sonore du bruit des chaînes et des « mystérieuses paroles » lui fait penser à un « sabbat », une cérémonie de sorcellerie. Fasciné, le narrateur tombe peu à peu dans une « rêverie profonde », jusqu'à rester « pétrifié » [Q6].

III. Un retournement de situation

A. L'isolement du condamné. Trois « groupes » de personnages composent la scène : celui des gardes-chiourme et celui des forçats (tous deux sont dans la cour) ; le troisième se réduit au condamné, qui se démarque des deux autres parce qu'il est seul, dans sa cellule, regardant la scène de sa fenêtre (comme le soulignent, par contraste, les périphrases insistant sur le nombre de forçats : « les galériens », « tous ces profils sinistres », « tous les yeux ») [Q7].

B. L'inversion des rôles. L'expression adverbiale « tout à coup » marque une rupture, confirmée par une sorte d'arrêt sur image : « je vis la ronde hurlante s'arrêter et se taire ». C'est au tour du condamné de devenir l'objet des regards (« tous les yeux se tournèrent vers la fenêtre que j'occupais ») et des cris (que traduisent les exclamatives : « Le condamné ! le condamné ! »), exprimant leur excitation.
Particulièrement théâtrale, cette inversion des rôles a des effets inattendus : elle marque un retournement de situation tragique et l'acmé de la scène. Le condamné reste « pétrifié » sous le choc des regards et des cris, parce qu'il se sait dans une situation « pire » que celle des forçats. C'est ce qui explique son évanouissement à la fin du chapitre **[Q8]**.

SYNTHÈSE

On conclut sur la double dimension descriptive et argumentative de ce chapitre. Le mélange des tonalités – pathétique et fantastique – participe de la stratégie de persuasion mise en œuvre par l'auteur : le ferrage n'est-il pas une pratique violente et déshumanisante ? Cette scène prépare donc la dénonciation de la peine de mort, puisqu'elle fait écho, par anticipation, à l'exécution du héros, scène qu'il ne pourra bien sûr pas raconter (« Quelques jours plus tard, j'aurais pu aussi, moi, être un spectacle pour eux »). Ainsi, dans *Le Dernier Jour d'un condamné*, l'auteur prend parti contre plusieurs peines, du bagne à la peine de mort.

DEVOIRS

On demandera aux élèves de répondre aux questions de la rubrique « Bilan et prolongement » du quatrième parcours de lecture proposé dans l'édition (« Questionner au fil du texte » : « Une argumentation maîtrisée »). En s'appuyant sur la préface, les élèves indiqueront quels penseurs ont inspiré Victor Hugo. En lisant les textes du groupement 1, ils désigneront l'extrait que la préface a pu à son tour inspirer.

Les grands discours contre la peine de mort

Séance 9
1 h

SUPPORTS	OBJECTIFS	ACTIVITÉS
– *Le Dernier Jour…* – « L'atelier de lecture », quatrième parcours (« Une argumentation maîtrisée ») : « Bilan et prolongements » – « Résonances et rebonds » : groupement de textes 1 (« Les grands réquisitoires contre la peine de mort »)	– Mieux connaître l'histoire de la peine de mort en France et sa situation actuelle dans le monde – Comprendre le rôle de Victor Hugo dans le combat pour l'abolition de la peine de mort – Découvrir d'autres textes célèbres contre la peine de mort – Étudier l'argumentation directe et ses genres (essai, discours)	– Exposés – Lecture de textes complémentaires

L'objectif des deux séances finales est d'inscrire l'œuvre dans une perspective historique : l'histoire de l'abolition de la peine de mort, l'histoire des idées, l'histoire des arts. On montrera aux élèves que Victor Hugo prend place dans un débat sur la peine capitale qui lui préexiste et qu'il ne cessera d'alimenter, de son vivant mais aussi de manière posthume. La séance 9 se déroule en deux temps : d'abord des exposés visant à restituer un travail de recherche sur l'histoire de la peine de mort en France (donné à la fin de la séance 6), puis la lecture des grands discours ayant réclamé son abolition depuis Victor Hugo.

EXPOSÉ : HISTOIRE DE LA PEINE DE MORT EN FRANCE

Deux groupes de volontaires présentent un exposé sur la peine de mort en France et à travers le monde. À cette occasion, les élèves peuvent retenir quelques dates clés : 1939, la dernière décapitation en place publique ; 1977, la dernière exécution en huis clos ; 1981, le discours à l'Assemblée de Robert Badinter et le vote de l'abolition de la peine de mort ; 2007, l'inscription de l'abolition dans la Constitution française.

La préface de Victor Hugo dans l'histoire de l'abolition de la peine de mort

On corrige les questions de « Bilan et prolongement » du quatrième parcours de lecture de l'édition (« Questionner au fil du texte » : « Une argumentation maîtrisée »). Les œuvres et penseurs qui ont inspiré Victor Hugo dans sa réflexion sont deux philosophes des Lumières : Montesquieu (*L'Esprit des lois*) et Beccaria (*Le Traité des délits et des peines*) **[Q1]**. À son tour, la préface de 1832 inspirera d'autres penseurs et d'autres textes : le discours à la Chambre des députés de Jean Jaurès, en 1908 (comme le texte de Victor Hugo, il se caractérise par sa puissance oratoire, sa dimension polémique et sa portée sociale) ; l'extrait de l'essai d'Albert Camus, *Réflexions sur la guillotine*, paru en 1957 (comme la préface du *Dernier jour d'un condamné*, il possède une dimension pathétique et déploie une argumentation très structurée) ; enfin, le discours de Robert Badinter à l'Assemblée en 1981 (comme le réquisitoire de Victor Hugo, ce texte célèbre, à la portée humaniste, exprime l'engagement politique de son auteur contre la peine de mort, tout en livrant une réflexion sur la justice) **[Q2]**.

Les genres de l'argumentation au service de l'abolition

Les élèves répondent ensuite aux questions qui suivent le groupement de textes 1 dans le dossier de l'édition. Deux des genres représentés dans ce corpus appartiennent à l'argumentation directe : l'essai (Beccaria, Voltaire, Camus, Foucault), genre de l'écrit, et le discours (Jaurès, Badinter), genre de l'oral. Ces deux genres sont privilégiés par les écrivains engagés – ou « intellectuels » – et par les figures politiques – particulièrement le discours, généralement prononcé à l'Assemblée ou dans un espace dédié à la parole politique.

L'orateur peut choisir plusieurs modalités énonciatives pour toucher ses destinataires. Il peut s'adresser au camp adverse (celui des partisans de la peine de mort : « vous »), qu'il s'agit de convaincre, et / ou à son propre camp (celui des abolitionnistes, « nous »), qu'il s'agit d'exhorter dans sa conviction – les deux camps étant bien entendu présents lors de discours à l'Assemblée (voir ceux de Jaurès et Badinter), puisqu'il s'agit d'y voter les lois. Le locuteur peut encore choisir une énonciation incluant le lecteur dans une communauté de pensée plus vaste, par un « nous » inclusif (« Chacun de nous peut faire un retour sur lui-même », Beccaria), un « vous » invitant à la réflexion (« Forcez les hommes au travail, vous les rendrez honnêtes gens », Voltaire) ou un « on » général (« On sait », Voltaire). Dans tous les cas, l'important est bien de solliciter ses lecteurs ou ses auditeurs **[Q1]**.

Les grands abolitionnistes et leurs idées

Beccaria défend l'idée que, contrairement à l'opinion commune, la peine de mort ne sert pas d'exemple et que la longue peine de prison est « un frein plus puissant » contre le crime. Voltaire s'inspire directement du traité de Beccaria, dont il propose un commentaire. Il y défend l'idée selon laquelle il est plus utile pour la société de condamner un coupable aux travaux forcés que de le faire exécuter, parce que cette peine permet à la fois de le punir et de l'« améliorer ». Jaurès accuse les gouvernements d'utiliser la peine de mort par facilité, pour éviter de chercher les responsabilités de la société. Selon lui, il faudrait traiter non la manifestation du crime mais sa cause, c'est-à-dire les conditions d'existence misérables des classes défavorisées. Camus avance cet argument polémique, selon lequel la peine de mort est non seulement un meurtre, mais un meurtre aggravé par la préméditation et la torture, puisque l'attente de la mort est une forme de supplice psychologique imposé au condamné. Le philosophe Foucault s'inscrit dans un débat d'idées plus large, sur la pénalité : il constate que, malgré la suppression des supplices et la diminution de la punition corporelle au fil du temps, les peines, y compris la prison, continuent de toucher le corps. Enfin, le célèbre discours de Badinter reprend deux arguments abolitionnistes décisifs : d'une part, la justice étant humaine, elle n'est pas infaillible et peut faire exécuter des innocents, sans aucune réparation possible; d'autre part, la condamnation à mort peut être injuste, touchant tel criminel et non tel autre, selon le contexte du procès ou son déroulement **[Q2]**.

DEVOIRS

Dans le cahier photos, chaque élève ou binôme choisit une image de la section « Dénoncer la peine de mort » pour la commenter, à l'aide des questions qui s'y rapportent dans le dossier de l'édition (« Le coin des arts »).

Quand le dessin devient argumentatif

Séance 10
1 h

SUPPORTS	OBJECTIFS	ACTIVITÉ
– « Résonances et rebonds » : « Le coin des arts » – Cahier photos de l'édition	– Étudier d'autres manières de combattre la peine de mort, par l'image ou l'œuvre d'art – Faire le lien entre littérature et presse dans le cadre d'un débat d'idées	Lecture de l'image

Cette séance finale cherche à élargir la perspective sur le débat d'idées que constitue l'abolition de la peine de mort, parce qu'il existe plusieurs manières de combattre la peine capitale, par les mots, par la parole et par l'image. Plusieurs questions guident cette séance : comment et pourquoi représenter la peine de mort ? Comment convaincre de son inhumanité ?

On invite d'abord les élèves à récapituler les différents supports qu'a utilisés Victor Hugo dans son combat abolitionniste. On s'appuie ensuite sur la section « Dénoncer la peine de mort » du cahier photos et sur les questions qui s'y rapportent dans le dossier de l'édition (« Le coin des arts »), avant de s'intéresser au traitement de l'abolition dans la presse.

La mise en commun du travail préparatoire demandé pour cette séance peut se dérouler sous la forme d'exposés très courts sur chaque image.

L'affiche de Jean-Michel Folon date de 1978, soit trois ans avant l'abolition de la peine de mort par le président François Mitterrand, et un an après la dernière exécution de condamné à mort en France, en 1977. Le style d'ensemble est à la fois figuratif, puisque le dessin s'appuie sur le réel, et expressionniste, puisqu'il le déforme, afin de transmettre au spectateur une émotion et de délivrer un message. La peine de mort est associée à la folie par la couleur rouge (celle d'une atmosphère crépusculaire et étouffante) et la représentation en gros plan d'un magistrat aux yeux exorbités et à la bouche grande ouverte rappelle le tableau de Munch *Le Cri* (1893) **[Q1]**.

La planche d'André Franquin, extraite de la bande dessinée *Idées noires*, date de 1977. Ses vignettes mettent en scène un condamné terrifié, en présence d'un juge menaçant, d'un homme d'Église inutile, voire ridicule, enfin d'un bourreau raide et insensible. Le dessin est assez cru, avec la guillotine, vue en contre-plongée (vignette 3), ou encore la tête tranchée (vignette 4). La dernière vignette a une portée argumentative, faisant se succéder, par un procédé de mise en abîme, des exécutions de bourreaux : ayant tué (en qualité de bourreaux), ils sont à leur tour soumis à la peine capitale (voir la première phrase de la planche). Ainsi, Franquin interroge son lecteur : a-t-on le droit de tuer sous couvert de justice **[Q2]** ?

La caricature de Kianoush Ramezani est intéressante pour sensibiliser les élèves à la situation actuelle de la peine de mort dans le monde. Elle représente, au premier plan, en couleurs et dans la lumière, un gros gâteau d'anniversaire, avec deux bougies indiquant le chiffre 18, et au second plan, en noir et blanc, un personnage pendu, sur un fond sombre de mur de prison : le personnage pendu venait de fêter ses dix-huit ans. Le sujet est particulièrement choquant puisqu'il évoque la possibilité de condamner des mineurs, en Iran, pour des faits commis à partir de neuf ans (pour les filles) et de quinze ans (pour les garçons) ; ils seront ensuite exécutés dès leurs dix-huit ans **[Q3]**.

L'affiche d'Amnesty International a été publiée dans le cadre d'une campagne contre la peine de mort, en 2011. Figurer la chaise électrique est un choix symbolique pointant du doigt les États-Unis, qui l'ont inventée et qui sont l'une des dernières démocraties à appliquer encore la peine de mort et à utiliser cet instrument. Elle est en cire, en train de fondre, signe qu'elle est « condamnée à disparaître », et entourée de bougies, qui peuvent évoquer les cierges entourant le défunt qu'on veille ou symboliser une lueur d'espoir **[Q4]**.

On terminera la séquence par l'étude d'une une de presse (voir cahier photos), en soulignant qu'elle reflète l'évolution du débat d'idées autour de la peine de mort au fil du temps.

SÉQUENCE RÉDIGÉE PAR CHARLOTTE LAUGRAUD DE SAINTE HERMINE

Parle-leur de batailles, de rois et d'éléphants

Mathias Enard

Parution le 18 août 2021

9782330149673 – 4,90 € – 192 p.

Édition avec cahier photos

SÉQUENCE 3

Entre Occident et Orient, entre Histoire et fantasmes, une biographie fictive de Michel-Ange

Ressources en ligne lesateliersactessud.fr

- Extraits de l'édition
- Tableau synoptique de la séquence
- Fiches enseignant (corrigés complémentaires)
- Petite bibliothèque numérique

Trois bonnes raisons d'étudier *Parle-leur*... au lycée

Mettre un pied dans la littérature contemporaine

Prix Goncourt des lycéens 2010 pour *Parle-leur de batailles, de rois et d'éléphants* et Prix Goncourt 2015 pour *Boussole*, Mathias Enard est l'un des romanciers contemporains les plus reconnus de sa génération. À cheval entre la biographie et le conte oriental, son court récit *Parle-leur*... nous plonge dans une narration moderne, qui mélange subtilement les genres, les voix et les regards.

Découvrir la vie et l'œuvre d'un génie de la Renaissance

Parle-leur... nous entraîne à Constantinople, aux côtés de Michel-Ange. Plusieurs biographes l'attestent : en 1506, le sculpteur a été invité par le sultan Bajazet II à construire un pont sur la Corne d'Or. Si, dans les faits, l'auteur du *David* n'a pas quitté Florence, Mathias Enard se prête à rêver son séjour dans l'ancienne Byzance. Entre réalité historique et fiction, sa biographie nous entraîne dans le quotidien et le travail de Michel-Ange, et soulève doublement la question de l'inspiration : comment et avec quels matériaux crée-t-on ? L'étude du récit biographique – que préconisent les programmes de seconde – conduit à réfléchir à ce qui relève du réel et de l'imaginaire dans l'acte de création, qu'il soit architectural ou littéraire.

Voyager en Orient

Grand amoureux du Moyen-Orient, Mathias Enard nous immerge par son écriture poétique dans une Constantinople cosmopolite et sensuelle. Le récit de voyage, dont l'étude est également recommandée en classe de seconde, renouvelle la tradition orientaliste. C'est l'occasion de considérer, en seconde comme en première, les diverses façons dont la découverte de l'Orient a nourri le regard et l'inspiration des écrivains et peintres d'Europe. Entre attraction et répulsion, la rencontre de l'ailleurs et de l'Autre interroge notre identité et nos désirs ; les aventures de Michel-Ange, séduit par un homme, une femme, seront un miroir où les lecteurs adolescents pourront jeter leurs réflexions.

Johanna Pernot, agrégée de lettres modernes

Présentation

Quelles sont les sources d'inspiration d'un artiste ? À partir de quoi crée-t-on ? Pour traiter ces questions, la séquence étudie le portrait de l'artiste au travail, qu'il s'agisse de Michel-Ange, de Mathias Enard, ou des personnages du groupement de textes « L'artiste dans son atelier » figurant dans le dossier de l'édition. Elle révèle l'ambiguïté d'un récit « un pied dans le jour et l'autre dans la nuit » : entre les rives de l'Occident et de l'Orient, entre Histoire et fantasmes, la biographie fictive de Mathias Enard prend sa source autant dans le réel que dans l'imaginaire.

Notre séquence alterne les activités individuelles et collectives. S'appuyant sur l'appareil pédagogique proposé par « Les Ateliers d'Actes Sud », elle aborde l'explication linéaire et le commentaire ; les rubriques « Bilan » et « Impressions de lecture » de l'édition permettent aux élèves de construire une lecture subjective du texte et les préparent à l'oral du baccalauréat. Par ailleurs, les activités d'appropriation les placent dans la position de Michel-Ange ou de l'auteur en train de créer et les confrontent activement aux problèmes de l'inspiration. Est ainsi proposé un atelier d'écriture collectif, à conduire en parallèle de la séquence.

L'édition privilégie une découverte progressive du texte de Mathias Enard, articulée autour de trois parcours de lecture (« L'entrée dans un nouveau monde » ; « La vision d'un pont » ; et « Un dénouement amer »). Chacun de ces parcours commence par une « Étude d'ensemble ». Dans la séquence qui suit, ces études sont données en travail préparatoire. Les élèves les complètent individuellement, puis enrichissent leurs réponses au fil de l'étude. On pourra relever les notes de certains élèves pour s'assurer de leur bonne compréhension du texte. Seule l'étude d'ensemble du troisième parcours sera corrigée en classe. On recommande qu'avant la séance 1, les élèves aient lu les dix premières pages de l'œuvre.

Mise en œuvre

Entrée dans l'œuvre

Séance 1
1 h

SUPPORTS	OBJECTIFS	ACTIVITÉS
– « Sur le seuil » : BD constituant l'avant-texte de l'édition – « L'atelier de lecture » : « Aborder par la BD » – « La fabrique du texte » : « Dans l'atelier de Mathias Enard », « Chronologie » et « Les textes ont une histoire »	– Découvrir la figure et l'œuvre de Michel-Ange – Problématiser la séquence	– Lecture de l'image – Recherche documentaire – Synthèse

Cette séance introductive vise à éveiller la curiosité des élèves et à leur donner envie de plonger dans l'œuvre de Mathias Enard et la vie de Michel-Ange. En alternant fiction graphique (les planches de la bande dessinée réalisées par David Pilloix qui ouvrent l'édition) et fondements historiques, elle questionne le genre biographique et la création artistique, et permet de problématiser la séquence.

ENTRÉE DANS L'ŒUVRE PAR LA BANDE DESSINÉE

Au seuil de l'étude, les planches de David Pilloix permettent de formuler des hypothèses de lecture sur l'œuvre de Mathias Enard. Pour les analyser, on prendra appui sur les questions qui s'y rapportent dans le dossier de l'édition (« Aborder par la BD », section « L'atelier de lecture »), auxquelles nous donnons ici quelques éléments de réponse.

Le cadre de l'histoire

La bande dessinée présente un carnet tenu par Michel-Ange, entre 1499 et 1506. Alors que les premières doubles pages rappellent en gros plan les œuvres qui ont fait sa renommée, les suivantes, avec des commentaires rédigés au présent de l'indicatif – qui actualise l'action – et à l'infinitif – qui pose les virtualités de son existence – se tournent vers le présent et l'avenir du sculpteur. Des cités italiennes hiératiques à la tiède et molle Constantinople, de Saint-Pierre à Sainte-Sophie, le carnet décrit le voyage de Michel-Ange et sa traversée mouvementée en bateau. De Jules II à Bayazid, le carnet trace également un arc narratif : « un mois, c'est tout ce que demande le sultan », mission qui semble se concrétiser à la dernière page par le chantier d'un pont.

Une esquisse (auto)biographique

Le carnet, où Michel-Ange livre ses croquis et ses pensées à la première personne, est encadré par les commentaires d'un narrateur extérieur à l'action. Si ce dernier, apparemment objectif, fixe le cadre et la légitimité du récit biographique, l'intérieur du carnet permet de plonger dans le travail et l'intimité de Michel-Ange, dont on découvre les difficultés (la traversée, le dilemme entre pape et sultan), les goûts esthétiques (lignes et architecture humanistes, vers de Mesihi, Orient) ou les désirs latents (les hommes jeunes et beaux).

Les sources de l'inspiration

Tatouage ou palimpseste, la *Pietà* et le *David* de Michel-Ange se retrouvent sur le bras d'un matelot, dans le portrait d'une mendiante et son enfant, dans le hanchement d'un marin ou du poète Mesihi. La variation autour de ces motifs révèle la frontière fluctuante et poreuse entre l'art et la vie, l'œuvre sacrée et le trivial, le rêve et le réel. Les deux se nourrissent et s'influencent. *In fine*, la réalité n'existe qu'à travers le regard ou la voix de celui ou celle qui la perçoit et la représente.

L'œuvre en construction

Ainsi, la construction du pont sur la Corne d'Or, qui semble aboutir à la fin des planches, est tout aussi bien le résultat des essais théoriques de Michel-Ange sur le papier (ce dont témoignent les motifs architecturaux, les arcs qui se multiplient lors du séjour stambouliote) que le fruit de son exploration sensuelle de la ville. Les deux mains « graciles qui se touchent » – et évoquent la future *Création d'Adam* – semblent former l'« arc central » du pont. Peut-être suggèrent-elles que la création puise aussi son matériau dans l'essence de l'humain : le désir et l'amour.

Bilan

La bande dessinée annonce un épisode de la vie de Michel-Ange centré sur un voyage, une mission à Constantinople. On s'attend à un récit biographique original, où les tâtonnements de l'artiste, sa réflexion sur la création se mêlent à sa découverte sensuelle de l'Orient.

PORTRAIT D'UN GÉNIE

On peut faire un lien entre les planches qui évoquent la création et cette remarque récurrente des élèves qui, quel que soit le type d'écrit demandé, affirment « je n'ai pas l'inspiration » devant leur page blanche. On leur propose désormais d'envisager cette énigme de la création à travers le portrait de Michel-Ange.

Après un bref échange oral, les élèves complètent leurs connaissances biographiques sur l'artiste par une rapide recherche en groupes, à l'écrit. Ils se répartissent les supports suivants : les rubriques du dossier de l'édition « Chronologie » et « Dans l'atelier de Mathias Enard » (le deuxième paragraphe d'« Une biographie fictive »), éventuellement l'article d'une encyclopédie en ligne, qu'on projette au tableau. Un ou deux groupes présentent ensuite leurs résultats à l'oral, et l'assistance complète ses notes sur la vie et l'œuvre de Michel-Ange.

« LES TEXTES ONT UNE HISTOIRE »

Dans un troisième temps, on lit les textes 1 et 2 de Georgio Vasari et Ascanio Condivi réunis dans le dossier de l'édition (« Les textes ont une histoire », dans « La fabrique du texte ») : dans quelle mesure ces deux extraits rappellent-ils *Parle-leur...* ? L'anecdote relatée par les deux biographes atteste la fuite de Michel-Ange à Florence et son invitation à Constantinople par Bajazet. On conclut : Mathias Enard s'est inspiré de faits réels, mais s'est affranchi de la réalité historique en envoyant Michel-Ange à Constantinople.

SYNTHÈSE

À partir des étapes précédentes, on problématise collectivement la séquence : comment s'écrit une biographie ? Dans quelle mesure le biographe s'appuie-t-il sur des éléments empruntés au réel, dans quelle mesure invente-t-il ? Quels matériaux servent à la création, artistique ou littéraire ? On annonce l'étude de la narration et du personnage historique et romanesque de Michel-Ange.

DEVOIRS

Lire le texte de Mathias Enard, du jeudi 13 mai au mercredi 19 mai 1506, et répondre aux questions 1, 2 et 5 de l'étude d'ensemble du premier parcours de lecture proposé par l'édition : « L'entrée dans un nouveau monde ». Le corrigé de ces questions est disponible dans les ressources pédagogiques dédiées au titre sur le site de la collection : **lesateliersactessud.fr**. L'originalité du récit biographique (questions 3 et 4 de l'étude d'ensemble) sera abordée au cours de la séance 5.

L'*incipit*

Séance 2
2 h

SUPPORTS	OBJECTIFS	ACTIVITÉS
– *Parle-leur…* – « L'atelier de lecture », premier parcours dans l'œuvre (« L'entrée dans un nouveau monde ») : « Entrée dans le texte par le voyage » et « Commentaire de texte » – Le tableau d'Ivan Aïvazovski, *Constantinople, la mosquée de Top-Kahné* (cahier photos) – Carte	– Se plonger dans l'univers du récit – Comprendre les enjeux d'un *incipit* – Saisir la subtilité de la narration – S'entraîner au commentaire	– Lecture de l'image – Écrit d'invention – Commentaire de texte

Cette séance vise à faire entrer les élèves dans l'œuvre tout en leur permettant de saisir les enjeux d'un *incipit*. La rubrique « Entrée dans le texte par le voyage » du premier parcours de lecture propose un bref écrit d'invention qui met l'élève dans la peau du voyageur débarquant à Constantinople. La confrontation au texte, à travers le commentaire, révèle alors l'originalité d'un *incipit* en forme de prolepse.

ENTRÉE DANS LE TEXTE PAR LE VOYAGE : BIENVENUE À CONSTANTINOPLE !

On demande aux élèves de repérer dans le texte puis sur une carte projetée au tableau les différentes étapes du voyage de Michel-Ange : Florence, Ancône, Raguse (Dubrovnik), la Morée et Constantinople. Ensuite, on projette au tableau la peinture d'Ivan Aïvazovski (également présente dans le cahier photos) et on la commente rapidement. L'analyse peut souligner l'idéalisation vaporeuse des couleurs, l'instant romantique du coucher du soleil et la verticalité du tableau : la frêle embarcation au premier plan semble écrasée par la majesté grandiose de la mosquée. Puis on invite les élèves à se glisser dans la peau de Michel-Ange et à imaginer à travers un bref écrit leur arrivée en bateau à Constantinople, en 1506. On insiste sur les avantages du point de vue interne (perceptions, pensées). Deux ou trois volontaires lisent leur production, qu'on commente. Qu'a fait Mathias Enard ? L'auteur commence-t-il nécessairement par l'arrivée du héros dans un nouvel univers ? Tout en rappelant aux élèves la modernité d'un début qui repose sur une prolepse, ce questionnement permet de comparer leurs attentes avec l'*incipit* effectif du roman.

COMMENTAIRE DE TEXTE : UN *INCIPIT* MYSTÉRIEUX

Après une lecture à voix haute de l'extrait et un premier défrichage à l'oral visant à lever les incompréhensions majeures sur le sens et le vocabulaire, on procède au commentaire, en s'appuyant sur les questions proposées dans le dossier de l'édition. Quelle que soit la méthode utilisée (division de la classe en trois groupes et répartition des questions guidant le commentaire ou discussion collective orale), l'analyse insiste sur l'énonciation et le monde interlope évoqué par la danseuse.

I. Un témoignage intime et mystérieux

A. Un « je » mystérieux. Le pronom personnel « nous » inclut le « je » dans le peuple des marginaux qui hantent la nuit : « les buveurs, les poètes, les amants ». C'est quelqu'un qui connaît indirectement Michel-Ange (« je connais ton ami turc »). L'avant-dernier paragraphe esquisse l'autoportrait d'une jeune femme belle et sensuelle. L'érotisme des connotations suggère une relation intime entre la locutrice et Michel-Ange (« tu penses désirer... ») [Q1].

B. Un discours obscur. La disposition typographique qui rappelle celle de versets, les énumérations et les images employées par l'amante sont empreintes de poésie ; les longues phrases aux anaphores amoureuses sont parsemées de *topoï* poétiques comme « la poudre d'étoile », l'amour, la nuit, l'ivresse. L'alternance du présent gnomique (première phrase) et du présent d'énonciation brouille aussi les cartes, mêlant le discours général et le propos intime. Les personnages, désignés par des pronoms personnels, des périphrases (« ton ami turc »), des types sociaux (« les poètes ») ne sont jamais clairement identifiés, ce qui contribue au trouble poétique du discours **[Q2]**.

C. Une connaissance intime. Le « je » s'adresse à un « tu », signe d'une certaine proximité physique (voir l'avant-dernier paragraphe), mais aussi spirituelle. En dépit de la négation « je ne te connais pas », les nombreuses affirmatives catégoriques où « tu » est sujet nous font comprendre que l'observatrice clairvoyante a deviné le secret de son amant **[Q3]**.

Qui est donc Michel-Ange ?

II. Le portrait ambigu de Michel-Ange

A. Un être tiraillé. Michel-Ange est décrit comme un être de désir et de souffrance, tiraillé entre sa soif de gloire et de fortune (le jour) et ses faiblesses et désirs profonds (la nuit). L'artiste, qui est dans le fantasme du contrôle (« tu ne bois pas car… »), se ment : les modalisateurs « tu cherches », « tu crois », « tu penses » et la valeur adversative de « mais en réalité » soulignent l'écart entre les projections de Michel-Ange et la vérité **[Q4]**.

B. La comparaison à un enfant. La métaphore de l'enfant fait de Michel-Ange un être effrayé et immature. La peur de la nuit symbolise ce qu'on ne connaît pas ou ne veut pas connaître de soi : elle signale l'immaturité sexuelle du sculpteur et ses pulsions enfouies, à l'instar de son désir refoulé pour Mesihi. Mais ces failles et ces manques sont aussi sa « puissance », ce qui sécrète l'inspiration et le désir flamboyant de l'artiste **[Q5]**.

L'*incipit* inaugure donc une enquête ontologique. Michel-Ange va-t-il se découvrir ? L'enfant en lui pourra-t-il grandir ?

III. L'esquisse d'un monde tragique

A. Des contradictions douloureuses. Le tiraillement de Michel-Ange entre le jour et la nuit, le contrôle et la faiblesse, entre Surmoi et Ça sont à l'origine d'une souffrance tragique. Il apparaît toujours incapable de choisir, divisé entre la raison et les rêves (en témoignent l'image du « crépuscule infini » et l'expression « un pied dans le jour, un pied dans la nuit »). De ce fait, on pourrait concevoir sa quête artistique comme une quête de l'unité perdue **[Q6]**.

B. L'enfermement des personnages. La dernière phrase semble reprendre la première : l'écho crée une boucle, qui peut suggérer l'enfermement des personnages. Dès la première phrase, l'image « la nuit ne communique pas avec le jour » évoque un cloisonnement inéluctable. La métaphore est filée dans tout l'extrait, qu'il s'agisse du caveau de la nuit où se réfugient les marginaux (dont la locutrice et Mesihi) ou de la prison solaire de l'artiste Michel-Ange, enfermé dans son ego **[Q7]**.

C. Une flamme destructrice. La métaphore de la flamme, *topos* de l'amour et de la gloire, traverse tout le passage. Mais son versant lumineux – les feux qui animent l'artiste – est ici assombri. La flamme qui éclaire au sens propre les marginaux de la nuit est destructrice, comme l'indiquent les références au bûcher, à la « brûlure de l'alcool », à la puissance qui « dévore ». Symbole de l'ivresse des poètes, passion qui fait souffrir et brûle, l'image de la flamme indécise et du crépuscule peut signifier pour l'artiste la quête impossible de l'équilibre **[Q8]**.

Conclusion

Le récit présente un *incipit* suspendu entre création et destruction (*Eros* et *Thanatos*, apollonien et dionysiaque), à l'image du pont rêvé sur la Corne d'Or.

CONCLUSION DE LA SÉANCE

On répond à la question posée à l'issue de l'écrit d'invention : quel rôle Mathias Enard confère-t-il à cet *incipit* ? L'*incipit*, qui ne présente pas le débarquement à Constantinople, interroge la liberté et le désir des personnages. Il met l'accent sur l'ambiguïté et le mystère de Michel-Ange grâce à un regard extérieur ; il introduit l'intrigue amoureuse.

Portrait de Michel-Ange, entre lumière et ombre

Séance 3
1 h

SUPPORTS	OBJECTIFS	ACTIVITÉS
– *Parle-leur...* – « L'atelier de lecture », premier parcours dans l'œuvre (« L'entrée dans un nouveau monde ») : « Bilan »	– Saisir l'ambivalence de Michel-Ange – Compléter son portrait	– Lecture comparative – Exposé – Synthèse

Dans cette séance, il s'agit de poursuivre le portrait de Michel-Ange esquissé précédemment. Pour cela, on se propose de comparer deux extraits de *Parle-leur...* afin de dégager l'ambivalence de l'artiste. Le bilan du premier parcours puis un exposé d'élèves viennent compléter l'étude biographique et conclure le premier mouvement, « L'entrée dans un nouveau monde ».

DEUX FACETTES DE MICHEL-ANGE

En classe, on procède à la lecture comparative de deux passages. Les élèves sont divisés en deux groupes, chacun analysant un extrait : la visite de son atelier par Michel-Ange (de « Michel-Ange le génie » à « un songe trop agité ») et la rencontre de Michel-Ange et de la danseuse (de « Un luth, une mandore et une viole » à « qu'il ne quitte pas du regard »). Que nous apprennent ces passages sur Michel-Ange ?

Les éléments de réponse sont ensuite inscrits dans un tableau à deux colonnes, qui fait ressortir la complexité de Michel-Ange, tant dans son rapport à l'art que dans son caractère.

	DANS L'ATELIER DE MICHEL-ANGE	PREMIÈRE SOIRÉE AVEC LA DANSEUSE
Traits de Michel-Ange	– Difficulté de la création – Rivalité avec Vinci, animosité	– Sensibilité à la beauté du corps et de la musique – Émotion et désir confus, attraction pour la figure androgyne orientale
	– Orgueil, désir de contrôle de Michel-Ange	– Abandon et absence de contrôle

BILAN : ESQUISSE DE MICHEL-ANGE

Les élèves répondent aux questions de « Bilan » du premier parcours de lecture, puis en discutent à l'oral. Un exposé sur la vie et l'œuvre de Michel-Ange complétera ce premier volet de la séquence. À la maison, les élèves s'appuient sur la rubrique « Tisser des liens personnels avec le texte » pour alimenter leur carnet de lecture.

DEVOIRS

Lire la suite du texte de Mathias Enard, du 19 mai au soir au 31 mai au matin, et répondre aux questions de l'étude d'ensemble du deuxième parcours de lecture proposé par l'édition : « La vision d'un pont ».
Le corrigé de ces questions est disponible dans les ressources pédagogiques dédiées au titre sur le site de la collection : **lesateliersactessud.fr**.

En quête d'inspiration : bâtir un pont

Séance 4
2 h

SUPPORTS	OBJECTIFS	ACTIVITÉS
– *Parle-leur...* – « L'atelier de lecture », deuxième parcours dans l'œuvre (« La vision d'un pont ») : « Entrée dans le texte par l'image » et « Commentaire de texte »	– Saisir la polysémie et la symbolique du pont – S'entraîner au commentaire – Comprendre les sources d'inspiration d'un artiste	– Travail lexical – Lecture de l'image – Commentaire de texte – Synthèse

Les séances qui suivent, consacrées au deuxième mouvement du récit, mettent l'accent sur l'inspiration de Michel-Ange et l'élaboration du pont. La séance 4, qui interroge d'abord la symbolique du pont à travers sa définition et l'extrait d'un film, se poursuit avec le commentaire d'un extrait qui met en scène les difficultés de la création, mais aussi les aspirations esthétiques de Michel-Ange. La lecture cursive qui conclut la séance révèle que, selon un schéma narratif sans surprise, les efforts de l'artiste sont couronnés de succès.

ENTRÉE DANS LE TEXTE PAR L'IMAGE : QU'EST-CE QU'UN PONT ?

On fait définir le mot « pont » par les élèves, puis on confronte leurs propositions à celle du dictionnaire. Selon le *Trésor de la langue française*, le nom désigne un « ouvrage généralement en pierre, en bois ou en métal permettant de franchir une dépression ou un obstacle en reliant les deux bords de la dépression ou en enjambant l'obstacle ». Le rappel d'expressions (« couper les ponts », « faire un pont d'or ») pourra faire émerger le sens figuré de « Lien, intermédiaire, transition entre des personnes, des choses ». Pour révéler la dimension symbolique du pont, on visionne par exemple la fin d'*Indiana Jones et la dernière croisade* de Steven Spielberg (youtube.com/watch?v=q-JIfjNnnMA), où seule la foi permet au héros de traverser le précipice qui s'ouvre à ses pieds. Le pont, qui dans les représentations religieuses signifie souvent un passage vers l'au-delà, apparaît ici comme le lien invisible entre mondes profane et sacré, entre vie et mort. Un détour par le poème symboliste de Rimbaud « Les Ponts » est également envisageable pour faire saisir le néoplatonisme du pont, signe d'un passage secret entre les mondes sensible et intelligible.

COMMENTAIRE DE TEXTE : TROUVER L'INSPIRATION

Après une lecture collective du passage à étudier, on divise la classe en trois groupes au sein desquels on répartit les questions proposées dans le dossier de l'édition. Chaque groupe présente son travail à la classe, qui prend des notes.

I. Un artiste en proie au doute

A. Un monologue intérieur. Au début des paragraphes, le nom « Michel-Ange » met en avant l'activité de l'artiste, sujet de nombreux verbes d'action (« il s'énerve », « il trace »), et surtout de réflexion (« il pense à », « il sait », « il ne doute pas ») propres à l'introspection. L'enchaînement des paragraphes sans lien cohérent, par association d'idées, reflète le monologue intérieur au présent de narration, le ballottement des pensées qui vont et viennent entre souvenirs (le pape, Florence, le dessin de Vinci), préoccupations présentes et projections d'une imagination vagabonde (le pont) **[Q1]**.

B. L'expression des doutes et des regrets. Se dresse le portrait psychologique d'un artiste en proie au doute. Il songe à son manque d'expérience en tant qu'architecte : « les croquis du tombeau sont son œuvre la plus architecturale du moment » – le superlatif souligne que le grand Michel-Ange n'a jamais jusqu'ici dépassé le stade du papier. Il se sent démuni : le conditionnel « il aimerait que Sangallo », l'ingénieur et l'architecte de Florence qui l'a formé, « soit à ses côtés » suggère le désir de Michel-Ange d'être épaulé par un homme expérimenté. On le sent donc écrasé (« l'ampleur de la tâche l'effraie ») et de plus inquiet, sous la menace de Jules II (isotopie du danger, de la mort) qui pourrait le faire assassiner : la métonymie « la main de fer » insiste à la fois sur la dureté et la toute-puissance du pape. Ces doutes et ces regrets créent un sentiment de panique, qu'expriment au milieu du quatrième paragraphe la parataxe et les phrases très brèves (« il s'énerve. Le risque est énorme »...) **[Q2]**.

C. L'absence d'inspiration. Si le lexique du dessin est récurrent dans l'ensemble de l'extrait (« premières esquisses », « en dessinant », « en traçant »), et si Michel-Ange, comme tous les jours, s'attelle à sa tâche « inlassablement », ses efforts apparaissent stériles. L'artiste « baye aux corneilles » : il s'agite, mais ne produit rien de concluant, faute d'inspiration. Les nombreuses négations (« n'a pas d'idée », « il ne voit pas encore », « il n'a que très peu d'expérience ») signifient l'ennui, l'absence de compétence et d'imagination. À la fin de l'extrait, la négation « ne sait avec quel outil l'attaquer » montre l'embarras, voire le désarroi, du sculpteur désarmé (la métaphore est presque guerrière) face à la ville musulmane, étrangère (« si obscure »), qui se dérobe : il a besoin de la comprendre pour avoir enfin une prise sur elle. Dès lors, comment trouver l'inspiration **[Q3]** ?

II. Les sources de l'inspiration

A. L'importance du travail. Le récit de Mathias Enard met chaque matin en scène Michel-Ange en train de dessiner. C'est cette activité qui est présentée au début et au milieu de l'extrait (« en traçant ses premières esquisses » ; « en dessinant », « il trace inlassablement »), et la reprise des mêmes termes suggère l'entêtement de l'artiste, qui « sait que c'est en dessinant que les idées viennent ». La première façon de trouver l'inspiration consiste donc à agir, à se mettre en mouvement, sans plan préalable, en puisant en soi-même la matière de l'œuvre future, en provoquant le hasard. Sur le papier apparaissent « des formes, des arcs, des piles » : l'usage de l'indéfini pluriel pour énumérer les éléments du pont montre que c'est à force de travail et d'insistance que l'idée finit par jaillir **[Q4]**.

B. Les repoussoirs. Pour s'inspirer, tout artiste songe également aux œuvres déjà existantes. Ainsi, Michel-Ange pense au fétide Ponte Vecchio, le « vieux pont médiéval de Florence », sa ville d'origine, en des termes dépréciatifs qui en font un objet d'horreur et de dégoût (« cette grenouille », « odeur de cadavre », « sang », « abattage des bêtes »...), à la connotation bestiale. On imagine que le Florentin à la sensibilité à fleur de peau rêve pour Constantinople d'un pont humain, moderne, symbole de beauté et de vie – aux antipodes du Ponte Vecchio, dont les eaux rouges charrient la mort. À mille lieues d'être « ramassée sur elle-même », l'œuvre rêvée sera ouverte et révélera « le majestueux » du Bosphore et « la grandeur de la ville ».
De même, le dessin de Vinci indique à Michel-Ange les erreurs à ne pas commettre et lui permet de préciser son idéal : « Décidément, Vinci se prend pour Archimède et oublie la beauté. » La beauté, nom répété dans la phrase suivante, est le but et le principe du sculpteur néoplatonicien **[Q5]**.
C. La rivalité avec Léonard de Vinci. L'ensemble de l'œuvre et cet extrait en particulier le démontre : « le dessin de Vinci l'obsède », Michel-Ange est obnubilé par son illustre prédécesseur. Au début de l'extrait, « en traçant ses premières esquisses, il pense à Léonard de Vinci » : au moment où il ne devrait songer qu'à sa propre œuvre, Michel-Ange est « parasité » par celle d'un autre. À la fin de l'extrait, le retour de la référence à Vinci, comme une boucle, signale son obsession. Cette rivalité historique, que souligne l'antithèse hyperbolique « Vinci, à qui tout l'oppose, à croire qu'ils vivent dans deux époques distantes d'une infinité d'éons », est *in fine* stimulante : là où l'ingénieur a échoué – et Michel-Ange n'a pas de mot trop dur pour le condamner (« erroné » ; « Vinci se prend pour Archimède », mathématicien admiré par Vinci, et qui était connu pour mépriser la pratique, et préférer la théorie pure aux machines qu'il inventait) –, le sculpteur doit réussir **[Q6]**.

III. Une quête esthétique

A. Le défi de Michel-Ange. « Ce défi », ce n'est pas tant le sultan Bajazet que l'artiste qui se le pose à lui-même. Si Michel-Ange évoque Vinci, ce sont cependant ses propres œuvres qui restent son étalon : il veut créer un « chef-d'œuvre de grâce, autant que le *David*, autant que la *Pietà* ». Le vocabulaire élogieux et les comparatifs soulignent l'exigence et la vanité de Michel-Ange, qui ne se compare finalement qu'à lui-même et cherche à créer une œuvre homogène et parfaite. Le modalisateur (« cet ouvrage *doit* être unique ») exprime autant la volonté de l'artiste que les règles sévères qu'il s'impose, au nom de sa propre grandeur. Le caractère exceptionnel de sa quête s'exprime dans le choix du lexique (« chef-d'œuvre », « unique ») et trahit son orgueil **[Q7]**.

B. Un artiste en quête de beauté. On l'a vu, l'opposition à Vinci l'ingénieur permet à Michel-Ange de se définir : « Michel-Ange n'est pas un ingénieur. C'est un sculpteur » : la négation qui porte sur l'attribut du sujet permet, dans la deuxième phrase, de passer à l'affirmation de ce qu'est (en son sens ontologique) Michel-Ange : non pas un scientifique, un technicien, mais un artiste, en quête de beauté. Là où le premier s'appuie sur des lois physiques et des schémas transmis par la tradition (« le refuge des formes anciennes »), le second se présente comme un démiurge, celui qui fait advenir le nouveau : « on l'a fait venir pour qu'une forme naisse de la matière, se dessine, soit révélée ». La tournure passive fait de Michel-Ange une sorte de messie violemment désiré (« on l'a fait venir »), à l'action miraculeuse. L'insistante référence à la sculpture se veut-elle un écho à la création de l'homme par Dieu dans la Genèse ? En tout cas, Michel-Ange se peint comme un créateur qui pétrit la matière et lui donne vie, à l'opposé de Léonard qui ne sait que dessiner en deux dimensions, et dont les élucubrations demeurent justement « sans vie ». L'artiste a en tête « un pont gigantesque entre deux forteresses. Un pont fortifié » : les phrases nominales qui se détachent sur la page donnent à cette assertion un caractère prophétique, visionnaire – une vision en trois dimensions, où la matière est bien présente, avec le polyptote « forteresses » / « fortifié » et l'anaphore du « pont », aux sonorités lourdes **[Q8]**.

SYNTHÈSE

À l'oral, on procède à une synthèse collective. On conclut par la lecture à voix haute du texte, de « Michel-Ange ne parlera pas de cette nuit » à « pétri de la matière de la ville » et on laisse réagir les élèves. On pourra commenter comment, lors de la traversée de la Corne d'Or, le lever du soleil accompagne symboliquement la vision du pont.

Spécificités de l'écriture biographique

Séance 5
1 h

SUPPORTS	OBJECTIFS	ACTIVITÉS
– *Parle-leur...* – « L'atelier de lecture » : « Dans l'atelier de Mathias Enard » et « Les textes ont une histoire »	– Révéler la part d'invention qui se cache dans le récit biographique de Mathias Enard – Étudier l'effet des différents types de narration	– Lecture cursive – Synthèse

Après avoir mis en lumière dans la séance précédente le schéma narratif général (des doutes de la page blanche à l'assurance d'un pont), on s'intéresse aux subtilités de la narration. Dans un premier temps, on attire l'attention des élèves sur la polyphonie de l'œuvre et son intérêt (l'élaboration d'un portrait complexe), ce qui permet de réviser les points de vue et l'énonciation. La confrontation aux extraits théoriques de Rudyard Kipling et Bernard Andrès, présentés dans « Les textes ont une histoire », permet d'éclairer la démarche de Mathias Enard, dont le récit biographique oscille fructueusement entre réalité historique et fiction.

UNE NARRATION POLYPHONIQUE

L'objectif de cette activité est de sensibiliser la classe aux types de narration qu'on rencontre dans *Parle-leur...* Quels points de vue y repèrent-ils ? Quels personnages s'expriment et comment ? On demande aux élèves de feuilleter leur édition et, en binômes, d'identifier les différents genres et points de vue. Se dégagent ainsi les éléments suivants :

PERSONNAGES ET POINTS DE VUE	GENRE ET ÉNONCIATION	CITATIONS, EXEMPLES
La danseuse	Discours secrets adressés à Michel-Ange : marques des première et deuxième personnes, présent d'énonciation	L'*incipit*, « Je connais ton ami turc ; c'est l'un des nôtres »

Michel-Ange	Lettres signées avec lieu, date, destinataire (sa famille, Sangallo), à la première et la deuxième personne. Italiques	«*Constantinople, 19 mai 1506* – À Buonarroto di Lodovico di Buonarrota Simoni in Firenze» «*Buonarroto, j'ai reçu aujourd'hui 19 mai une lettre de toi*»...
	Carnet daté, rempli d'énumérations	«11 mai, voile latine, tourmentin, balancine, drisse, déferlage»
	Récit avec point de vue interne à la troisième personne, qui nous donne accès aux sensations et sentiments du héros. Écriture contemporaine qui privilégie présent et passé composé	«Le sculpteur, épuisé par le voyage et les tracas, un peu réchauffé par le bouillon [...] s'endort assis, le dos contre un coussin, parce qu'il a peur de l'image de mort que confère la position allongée»
Mesihi	Récit avec point de vue interne à la troisième personne, qui nous donne accès aux émotions intimes du personnage	«Le poète, flatté et ému, reprend vite sa marche de peur qu'on ne le voie rougir»...
Le narrateur contemporain	Discours à la troisième personne du singulier. La première personne du pluriel instaure une connivence entre le lecteur et le narrateur, qui joue avec les codes du récit en soulignant sa fausse omniscience	«On ignore le nom du drogman grec qui l'attend, appelons-le Manuel»

On remarque que c'est bien évidemment le point de vue et la voix de Michel-Ange qui sont les plus prégnants. On rappelle au passage les trois types de points de vue pour bien faire comprendre aux élèves que c'est le narrateur contemporain qui, dans son récit omniscient, chapeaute le point de vue interne des différents personnages.

On conclut : qu'apporte la multiplication des points de vue ? On élabore collectivement une réponse provisoire : les types de narration enrichissent et complexifient le portrait de Michel-Ange, perçu sous des angles différents.

« LES TEXTES ONT UNE HISTOIRE »

On lit les textes de Bernard Andrès et de Rudyard Kipling et les élèves traitent par écrit les questions situées après les extraits, qui s'y rapportent. On conclut collectivement : le récit biographique est une construction de l'écrivain, qui mêle matériau biographique et invention. Reste à étudier comment. On complète la séance par la lecture de la partie « Le genre biographique » (dans « Dans l'atelier de Mathias Enard), en classe ou à la maison, que les élèves synthétisent.

BILAN

À la maison, les élèves répondent aux questions de la rubrique « Bilan et prolongements » du deuxième parcours de lecture, qui leur permet de compléter leur portrait de Michel-Ange et de saisir l'importance du travail quotidien, ainsi que le rôle de la ville et de son exploration dans la conception du pont. La lecture de l'extrait de Zola (dans le groupement de textes 1 du dossier, « L'artiste dans son atelier »), qui souligne l'échec de Claude Lantier « toujours en bataille avec le réel », peut aboutir à la prise de conscience que le chef-d'œuvre résulte de l'équilibre difficile entre le réel et l'imaginaire : l'artiste construit un pont.

Constantinople et l'orientalisme

Séance 6
2 h

SUPPORTS	OBJECTIF	ACTIVITÉS
– « Résonances et rebonds » : « Le coin des arts » et groupement de textes 2 (« Les écrivains et l'Orient ») – Cahier photos	Comprendre en quoi l'Orient est une source d'inspiration pour les écrivains et les artistes	– Lecture de l'image – Lecture cursive – Synthèse

Cette séance a pour objectif de révéler d'autres sources d'inspiration de Mathias Enard en inscrivant son œuvre dans l'histoire artistique et littéraire de l'orientalisme. Pour ce faire, le cahier photos et la rubrique « Le coin des arts » dans le dossier de l'édition permettent d'aborder avec les élèves l'histoire des arts et en particulier l'idéalisation de l'Orient dans la peinture du XIXe siècle. Le détour par le groupement de textes « Les écrivains et l'Orient » conforte cette perspective. La synthèse finale conclut sur la façon dont le fantasme de l'Orient a alimenté l'inspiration des écrivains et artistes.

LES PEINTRES ET L'ORIENT

On projette les peintures de Paul Signac, *Istanbul*, d'Ingres, *La Grande Odalisque*, et de Paul-Louis Bouchard, *Les Almées*, puis on les commente en s'appuyant sur les questions figurant dans la rubrique « Le coin des arts ».

L'analyse met en valeur la technique pointilliste de Signac. Ses couleurs pures et vives créent une vision lumineuse et légère d'Istanbul, dont les coupoles et les minarets flottent gaiement dans les airs. La ville orientale apparaît idéalisée, comme les personnages d'Ingres et de Bouchard. La « Grande Odalisque » (du turc *odalık*, qui désigne la femme esclave d'un harem), dont les courbes lisses se découpent sur le fond et les drapés sombres, frappe par sa sensualité ; les trois vertèbres qu'Ingres, peu soucieux de la réalité anatomique, a ajoutées, accentuent l'arrondi gracieux du dos. Les accessoires (turban, narguilé, le chasse-mouches dressé dans sa main) inscrivent le nu féminin dans un cadre exotique et érotique, que renforcent la posture de la courtisane et son œillade aguicheuse au spectateur. À l'inverse, c'est le sultan spectateur que Bouchard met au centre de son tableau. Les colonnes du décor, qui l'encadrent au centre de la pièce, soulignent sa puissance ; le rouge de son costume contraste avec la blancheur des « almées », ces danseuses et chanteuses interchangeables. La symétrie des corps à droite et des objets à gauche renforce l'idée d'une réification des esclaves, tous tournés vers le plaisir du sultan.

LES ÉCRIVAINS ET L'ORIENT

On répartit dans la classe la lecture cursive des extraits du groupement de textes « Les écrivains et l'Orient ». Les questions qui suivent le groupement dans l'édition permettent à chaque groupe d'affiner sa lecture et de mettre en relation le genre utilisé et la perception originale offerte par chaque écrivain : le journal (Nerval) et la lettre (Flaubert) sont propices au reportage, le poème en prose (Baudelaire) et le récit fictif (Woolf), au développement du lyrisme et de l'imaginaire. Si tous insistent sur le rôle des sens (visions, parfums, sons), Nerval, Flaubert et Woolf décrivent Constantinople à travers son architecture (la tour de Galata, le Bosphore, les mosquées) et son animation remarquables. Le dépaysement chez Flaubert et Woolf s'exprime en particulier à travers les comparaisons : « rien ne pouvait moins ressembler aux comtés de Kent et Surrey », songe Orlando, ambassadeur d'Angleterre. Flaubert compare dans sa lettre les cimetières à des forêts, les maisons à des navires, pour peindre en images, à son ami français, « *Loue Bouilhette* (prononciation turque) », l'immensité vivante de la ville.

SYNTHÈSE : ORIENTALISME ET FICTION

On conclut la séance sur l'orientalisme. Peintres ou écrivains, l'Orient par ses couleurs et ses saveurs a inspiré les artistes qui l'ont souvent réduit à des clichés. Comme le souligne ironiquement la fausse biographe Virginia Woolf, l'imagination prend souvent le pas sur la réalité historique. Le début de l'extrait d'*Orlando* permet de conclure sur l'importance de la fiction, qu'il s'agisse du séjour imaginaire d'un personnage fictif comme Orlando ou d'un personnage historique comme Michel-Ange dans *Parle-leur*.

DEVOIRS

Lire la fin du texte de Mathias Enard, et répondre aux questions de l'étude d'ensemble du troisième parcours de lecture proposé par l'édition : « Un dénouement amer ». Celui-ci sera corrigé en classe dans la séance suivante.

Vers le dénouement

Séance 7
1 h + 2 h

SUPPORTS	OBJECTIFS	ACTIVITÉS
– *Parle-leur...* – « L'atelier de lecture », troisième parcours dans l'œuvre (« Un dénouement amer ») : « Entrée dans le texte par la réflexion » et « étude d'ensemble »	– Affiner la compréhension du récit et du schéma narratif – Réfléchir aux enjeux d'un dénouement – S'entraîner au commentaire	– Discussion et synthèse orale – Devoir sur table (commentaire de texte) – Synthèse

Cette séance introduit l'étude du troisième et dernier mouvement, « Un dénouement amer ». La rubrique « Entrée dans le texte par la réflexion » problématise les enjeux théoriques du dénouement et les questions d'étude d'ensemble permettent de les identifier immédiatement dans le texte. L'étude d'ensemble est aussi l'occasion d'élucider les éventuelles zones d'ombre ou d'incompréhension dans l'œuvre avant l'évaluation.

ENTRÉE DANS LE TEXTE PAR LA RÉFLEXION

Les élèves notent individuellement leurs idées, puis la synthèse orale de leurs propositions permet de problématiser la fin de séquence : dans quelle mesure le dénouement inventé par Mathias Enard conclut-il l'intrigue dramatique et amoureuse ? Dans quelle mesure achève-t-il le portrait de Michel-Ange ? En quoi l'expérience du voyage peut-elle enrichir le protagoniste ?

ÉTUDE D'ENSEMBLE

Un enjeu esthétique et politique : le pont

Le pont imaginé par Michel-Ange est présenté à Ali Pacha (« Quatre arches courtes flanquent un arc central »). Sa description mêle la douceur à un lexique imposant, militaire (« fendent », « bastion », « forteresse »). Comparé à « deux mains posées majestueusement sur l'onde, deux doigts graciles qui se touchent », le pont réussit l'exploit de réunir les contraires, à l'image de la capitale cosmopolite. Il annonce, sous la plume de Mathias Enard, *La Création d'Adam* à la chapelle Sixtine [Q1].

Si les plans du pont suscitent le ravissement d'Ali Pacha et du sultan, Michel-Ange enrage : mécontent du cadeau inutile de Bayazid (une propriété en Bosnie), il attend vainement ses gages [Q2].

Un enjeu dramatique : le dénouement

L'amour de Mesihi pour le sculpteur est révélé par le narrateur omniscient, qui nous livre les pensées du poète. Ses gestes d'affection, sa confusion et sa rougeur sont autant de symptômes de sa passion. Cependant, Michel-Ange ferme les yeux et refoule sa propre attirance en s'abandonnant aux bras de la danseuse [Q3].

Mesihi, qui suspecte l'agent double Arslan, lui a acheté, en échange de la propriété en Bosnie léguée par Michel-Ange, le secret sur la conspiration qui se trame contre le sculpteur. C'est en connaissance de cause qu'il intervient au moment où la danseuse s'apprête à assassiner Michel-Ange. Le silence orgueilleux du poète ne permet pas de dissiper le quiproquo et l'écarte définitivement du sculpteur, qui attribue la mort de la danseuse à la jalousie funeste de Mesihi [Q4].

Un enjeu philosophique : les désillusions

Les personnages principaux perdent ce qu'ils cherchaient : la danseuse qui rêvait de liberté et d'amour se suicide; Mesihi perd l'estime de l'homme qu'il aimait; Michel-Ange, la danseuse et l'amitié de Mesihi. Il doit quitter Constantinople comme un malfrat, sans ses gages, et son pont glorieux est détruit par le tremblement de terre de 1509.

Si chacun jugera avec subjectivité la vie des personnages, l'immortalité de Michel-Ange, dont l'épilogue souligne l'œuvre quasi divine, fera sans doute consensus. Au-delà, le dénouement révèle les illusions du pouvoir (Ali Pacha meurt à cheval), de l'amour (tous les personnages échouent) et de la gloire (le pont s'effondre) [Q5 et Q6].

COMMENTAIRE DE TEXTE (ÉVALUATION)

On propose en devoir sur table le commentaire de texte figurant dans le troisième parcours de lecture de l'édition. Selon le niveau de la classe, les élèves ont ou non accès au plan et aux questions du dossier.

La fuite de Michel-Ange

Séance 8
2 h 30

SUPPORTS	OBJECTIFS	ACTIVITÉS
– *Parle-leur...* – « L'atelier de lecture », troisième parcours dans l'œuvre (« Un dénouement amer ») : « Explication linéaire », « Bilan et prolongement » et « Tisser des liens personnels avec le texte » – « Le coin des arts » : « Michel-Ange et le beau »	– S'initier à l'explication linéaire – Achever le portrait de l'artiste Michel-Ange	– Explication linéaire – Synthèse personnelle

La séance 8 a pour objectif de compléter l'étude du dénouement initiée précédemment. Ainsi, l'explication linéaire « La fuite de Michel-Ange », guidée dans le dossier de l'édition, met un point final au schéma narratif et parachève le portrait du sculpteur. Elle est complétée par une question de grammaire, comme lors de l'épreuve orale de l'examen. L'étude de *La Création d'Adam*, qu'évoque l'épilogue, permet de tisser de nouveaux liens entre la biographie de Michel-Ange et la fiction de Mathias Enard, et prolonge doublement la réflexion des élèves sur les sources de l'inspiration, en classe et à la maison avec la rubrique « Tisser des liens personnels avec le texte ».

EXPLICATION LINÉAIRE : LA FUITE DE MICHEL-ANGE

Introduction

Michel-Ange a remis les plans du pont, dont la construction a commencé le 20 juin. À l'issue d'une dernière soirée donnée en son honneur, il échappe grâce à Mesihi à la mort. Le meurtre (le suicide ?) de la danseuse et la menace qui plane sur sa vie lui font fuir Constantinople.

Les deux extraits évoquent les mêmes personnages (Michel-Ange, Manuel, Maringhi) et s'ouvrent chaque fois sur une énumération d'objets – dans le premier cas, il s'agit des riches marchandises affrétées à Constantinople, dans le second cas, des affaires personnelles laissées par Michel-Ange.

La symétrie souligne sa misère : aux étoffes luxueuses de Maringhi s'opposent les nippes parfois tachées, qu'abandonne le sculpteur aux abois. Venu gonflé d'espoir et de rêves de fortune, il repart pauvre et méprisé. De même, alors que l'arrivée a eu lieu un matin éclatant de promesses, le départ s'opère dans la nuit furtive et douloureuse.
Après les causes du départ (premier paragraphe ouvert par « Il quitte ») et une analepse qui en explique le *modus operandi* (« il a organisé sa fuite »), l'extrait met en scène, au présent de description et de narration, l'embarquement du héros de façon très visuelle : sur l'arrière-plan nocturne du quai, le narrateur esquisse pour nous les gestes du départ (embrasser, embarquer, s'éloigner) et les sentiments de Michel-Ange (la tristesse, qui succède à la peur). La fin du passage révèle les vestiges du départ : le carnet et l'écriture, seule trace matérielle du voyage de Michel-Ange et du récit de Mathias Enard.
Quel bilan, quelles réflexions nous offre la disparition du héros ?

Explication

Le départ est l'occasion pour le narrateur et pour son personnage de dresser un bilan, qui se solde par un échec – sentimental (la perte de la danseuse et de Mesihi), financier (le sultan ne l'a pas payé), politique (il est menacé par le pape) et moral : Michel-Ange ne s'avoue pas la vérité de ses sentiments pour Mesihi, et il ne fera jamais la lumière sur cette fameuse nuit où il a accusé à tort le poète.
Le point de vue omniscient permet de révéler les illusions de Michel-Ange (« croit-il », « il ignore que », « il l'attribue ») et la vérité : le lecteur apprend qu'Arslan est à la manœuvre.
Surtout, il accède aux sentiments de Michel-Ange : le lexique, qui relève souvent du pathétique, souligne la peur et la douleur de l'artiste. À ce titre, l'image nocturne « Le divin Michelangelo n'est qu'un corps blessé et effrayé, enveloppé dans un caftan noir » souligne l'écart entre l'essence de l'artiste (épithète homérique « le divin ») et son incarnation à cet instant précis (« un corps ») : en ce moment critique, le génie a perdu son étincelle céleste, la négation restrictive et l'angoisse le réduisent à n'être qu'un mortel, un martyr enfoncé dans son manteau noir comme dans un suaire – les sonorités dures [p], [k] alourdissant encore le poids qui le cloue à la terre.

Dans son calvaire, l'artiste chrétien est plus seul que jamais. Au premier paragraphe, l'énumération des tournures passives (« poursuivi par », « accablé par ») signalait son impuissance : Michel-Ange apparaît isolé, démuni contre tous. *In fine*, en quittant Constantinople, il quitte Manuel et le poète dévoué qui l'aimait.

La symétrie de la double gradation « Apparaître, poindre, briller. Consteller, scintiller, s'éteindre » pourrait retracer le voyage de Michel-Ange dans le livre, de Florence au port de Constantinople, et du port de Constantinople à Florence. Plus métaphoriquement, l'isotopie de l'étoile invite à y lire la trajectoire du divin Michel-Ange dans l'histoire de l'art. Au-delà, l'aspect virtuel des infinitifs incite à voir dans l'énumération le parcours de tout un chacun, celui d'une vie, qui s'achève par la mort (« s'éteindre ») et quelques souvenirs qui brillent – comme le récit de Mathias Enard – dans une brève épiphanie.

QUESTION DE GRAMMAIRE

La question invite à étudier l'expression des relations logiques, de « Poursuivi par » à « la fuite ». L'énumération des participes passés et de leurs compléments d'agent introduits par la préposition « par » (« poursuivi par », « accablé par », « trahi, croit-il, par », « trompé par », « pressé par ») place Michel-Ange dans la position d'objet, de victime agie par les hommes et les choses : si, dans la proposition principale, Michel-Ange devient bien sujet d'un verbe à la voix active, le sémantisme de « prend la fuite » indique une fois de plus qu'il subit les événements. De ce fait, l'accumulation des participes passés exprime implicitement une relation de causalité : c'est parce qu'il est poursuivi, trahi et trompé [cause] qu'il s'enfuit [conséquence].

SYNTHÈSE : LE PONT ET *LA CRÉATION D'ADAM*

En classe, on revient sur la symbolique de *La Création d'Adam*. Plusieurs passages de *Parle-leur...* y font allusion (« Deux mains posées majestueusement sur l'onde, deux doigts graciles qui se touchent » ; « l'abandon des mains que la vie n'a pas laissé prendre, des visages qu'on ne caressera plus, des ponts qu'on n'a pas encore tendus »). L'analogie entre le pont et les mains rappelle l'échec amoureux de Michel-Ange avec Mesihi et suggère que l'artiste de la chapelle Sixtine intègre ses souvenirs amoureux et les sublime dans ses fresques et ses sonnets. Tout comme Michel-Ange puise dans son vécu l'inspiration pour ses œuvres futures, Mathias Enard puise dans les fresques de Michel-Ange la matière de sa fiction.

DEVOIRS

À la maison, les élèves répondent aux questions de la rubrique « Tisser des liens personnels avec le texte » du troisième parcours de lecture.

Bilan

Séance 9
1 h

SUPPORTS	OBJECTIFS	ACTIVITÉS
– *Parle-leur...* – « L'atelier de lecture » : « Synthétiser » (« Le point sur », « Vers la dissertation » et « Impressions de lecture ») – « La fabrique du texte » : « Dans l'atelier de Mathias Enard » et « Les textes ont une histoire »	– Comprendre les relations entre les principaux personnages – Éclairer le titre de l'œuvre – Formuler un jugement personnel sur le texte de Mathias Enard	– Questionnaire – Lecture cursive – Discussion et synthèse collective – Rédaction d'un article

Cette ultime séance dresse le bilan de l'œuvre et répond aux problématiques initiées en début de séquence. En s'appuyant sur la rubrique « Synthétiser » du dossier de l'édition, les élèves reviennent sur les trois principaux personnages, l'évolution de leurs relations et leur portrait. Une dernière lecture de l'extrait de Kipling (« Les textes ont une histoire ») ouvre une discussion sur le titre choisi par Mathias Enard, que la rédaction d'un article de presse à la maison pourra faire fructifier, tout comme les sujets de dissertation proposés à la fin du dossier.

LES PERSONNAGES

En classe, on s'appuie sur la rubrique « Synthétiser » pour dresser le portrait final des personnages et mettre au jour l'évolution des rapports amoureux. Michel-Ange, Mesihi et la danseuse sont d'abord trois corps, ce que souligne à de nombreuses reprises la narration.

Trois corps en présence

Le portrait de la danseuse est évoqué dans les citations a, d, e ; le portrait de Michel-Ange en b, c, g, h ; celui de Mesihi en f et i. L'éclat, la grâce et la finesse caractérisent la danseuse et le poète, qui incarnent la beauté au féminin. Leur raffinement contraste avec la laideur et la rudesse de Michel-Ange, qui prend peu soin de sa personne et ne se lave jamais. Cependant, un même rayonnement lie les trois personnages. Les citations opposent le corps douloureux ou grossier au génie de Michel-Ange (b, h), comme si une correspondance était attendue entre l'apparence du corps et son esprit. La dureté caractérise aussi bien le bras du sculpteur que son âme (c) : le récit empreint de néoplatonisme établit des corrélations entre le corps et l'âme.

Un triangle amoureux

Michel-Ange le sculpteur, Mesihi le calligraphe et le poète, la danseuse et conteuse andalouse, sont trois personnages liés par leur pratique de l'art.

On peut relire le portrait de Mesihi (pour une étude plus approfondie, voir les questions qui s'y rapportent dans le deuxième parcours de lecture du dossier de l'édition) : l'extrait révèle la rivalité qui existe entre la création (l'écriture, la calligraphie) et la vie. En cela, Mesihi s'oppose à Michel-Ange : là où le sculpteur consacre son temps à sa quête artistique et sacrifie ses plaisirs au travail et à la gloire, le poète, plus velléitaire, se laisse porter par ses désirs et les plaisirs des sens (vin, opium, amour). Le contraste entre les deux portraits permet au lecteur de mieux saisir la spécificité de l'austère Michel-Ange et sa volonté de fer.

Mais les deux hommes désirent le même idéal de beauté. Malgré la laideur grossière de Michel-Ange, Mesihi est attiré par le sculpteur : derrière l'apparence charnelle, il aperçoit la beauté de son âme. De même, c'est la perfection de la danseuse qui attire le sculpteur ; il exprime même un intérêt anatomique pour elle (citation e).

Autrement dit, la soif de connaissance, la quête de la forme pure le motivent plus que la possession charnelle. En conséquence, les deux artistes Michel-Ange et Mesihi apparaissent comme deux doubles, deux âmes sœurs appelées à se désirer, ce dont témoigne leur amitié foudroyante.

UN NŒUD DRAMATIQUE

Une trahison annoncée

L'histoire du sultan et de son vizir, amoureux puis rivaux, rappelle à certains égards la relation de Michel-Ange et de Mesihi, blessé comme le vizir par la jalousie. Cependant ce n'est pas Mesihi mais la danseuse qui trahit, ce qu'elle annonce à la fin de son récit : « Tu as écouté cette histoire ? Elle est vraie, prends garde. Tu te refuses à mes caresses. Je pourrais avoir une épée moi aussi. T'ouvrir en deux pour ton mépris. » Comme elle l'explique un peu plus tard, elle n'a pas d'autre choix pour survivre qu'obéir, et donc assassiner Michel-Ange.

Un dénouement politique

Cette condition servile n'épargne pas les autres protagonistes. La fortune de Mesihi dépend de son bienfaiteur Ali Pacha – et la mort de ce dernier précipite la ruine du poète. Quant à Michel-Ange, il est, aux dires de la danseuse, « l'esclave des princes », soumis au bon vouloir de tous les puissants.

UN TITRE MYSTÉRIEUX : *PARLE-LEUR DE BATAILLES, DE ROIS ET D'ÉLÉPHANTS*

La lecture de l'extrait de Kipling (dans « Les textes ont une histoire ») et l'identification des passages où la danseuse y fait référence permettent d'ouvrir la discussion sur le sens du titre. On insistera sur le rôle de la parole, capable de transmettre, de ressusciter, voire d'inventer, les souvenirs. À certains égards, la danseuse qui conte des histoires à Michel-Ange est une mise en abyme du narrateur qui met en scène le conte de *Parle-leur...* Tous deux racontent des histoires inspirées de la réalité historique et de la littérature et les transforment, tant pour nous divertir que pour nous livrer une vérité sur l'amour, le cœur des hommes et l'art. Pour conforter la réflexion, il ne sera pas inutile de lire et discuter le dernier paragraphe de « Dans l'atelier de Mathias Enard ».

DEVOIR : CRITIQUE DE *PARLE-LEUR...* ET PROLONGEMENTS

Pour clore la séquence, à la maison, les élèves reprennent leur cours et leur carnet de lecture. Ils se glissent dans la peau d'un journaliste et, à partir de leurs notes, rédigent un article sur *Parle-leur...*, dans lequel, après un bref résumé de l'intrigue, ils expriment leur jugement.

On pourra aussi préparer la classe à la dissertation en s'appuyant sur les énoncés du dossier. Si l'on choisit le premier sujet (« Combien faudra-t-il d'œuvres d'art pour mettre la beauté dans le monde ? »), il sera possible d'approfondir sa problématique à travers l'atelier d'écriture collectif proposé dans le dossier de l'édition et potentiellement conduit en parallèle de la séquence.

SÉQUENCE RÉDIGÉE PAR JOHANNA PERNOT

Eldorado

Laurent Gaudé

Parution le 18 août 2021
9782330149666 – 5,70 € – 224 p.
Édition avec cahier photos

SÉQUENCE 4

Qu'est-ce que l'Eldorado ? Comment le roman explore-t-il ce que signifie « migrer » ?

Participez à notre concours sur le texte et dialoguez avec Laurent Gaudé le temps d'un échange privilégié autour de son œuvre et de l'écriture. (Plus d'informations sur le site de la collection.)

Ressources en ligne lesateliersactessud.fr

- Extraits de l'édition
- Tableau synoptique de la séquence
- Fiches enseignant (corrigés complémentaires)
- Petite bibliothèque numérique

Trois bonnes raisons d'étudier *Eldorado* au lycée

Lire un auteur majeur de la littérature contemporaine

Couronné par le prix Goncourt en 2004 pour *Le Soleil des Scorta*, et, deux ans plus tôt, par le prix Goncourt des lycéens pour *La Mort du roi Tsongor*, Laurent Gaudé est un auteur majeur de la littérature contemporaine. Roman, poésie, théâtre, littérature d'idées : son œuvre traverse les genres et les époques, en quête d'un humanisme pour notre temps. Dans une langue simple, parfois teintée de poésie, elle donne à voir les hommes dans le fracas du monde et porte leur parole, que la misère et la violence menacent d'étouffer.

Mieux comprendre le monde contemporain

Ainsi, *Eldorado* donne corps et visage à la « crise des migrants » dont, depuis le milieu des années 2000, nous sommes familiers sans en être pour autant réellement connaisseurs. L'effet de loupe propre à l'actualité, mais aussi les stéréotypes et les polémiques entravent souvent l'accès à une compréhension fine de ce phénomène, et empêchent d'en saisir la dimension universelle. Lire ce roman, c'est pouvoir appréhender un peu, à hauteur d'homme, la douloureuse expérience des migrants dans toute sa complexité, entre désir, épreuves et force d'âme, pour porter un regard plus éclairé sur notre monde et notre temps.

Percevoir l'originalité narrative et la profondeur du texte

Afin de donner à saisir pleinement cette complexité, *Eldorado* articule dans une structure double l'histoire d'un commandant de la marine italienne et celle d'un jeune Soudanais, à qui l'écrivain donne la parole. Ainsi la figure du héros se trouve-t-elle diffractée et approfondie. Mais l'œuvre emprunte aussi, malgré son ancrage dans la réalité contemporaine, la voie de l'allégorie et, parfois, celle du conte. En participant de la sorte au renouvellement du genre romanesque, elle offre une expérience de lecture originale et stimulante pour des adolescents désireux de questionner le monde grâce à la littérature.

Pierre-Georges Danset, agrégé de lettres modernes

Présentation

Cette séquence entend explorer la forme originale adoptée par Laurent Gaudé pour composer *Eldorado*, avec ses deux héros et ses deux récits, qui éclairent non seulement ce que vivent les migrants aujourd'hui, mais aussi, de façon plus universelle, ce que migrer veut dire. Elle s'appuie sur les propositions faites dans l'édition « Les Ateliers d'Actes Sud » et alterne les modalités de lecture, les exercices et les supports, pour que chaque élève s'approprie pleinement l'œuvre et les enjeux qui la traversent : dire les épreuves de l'exil, donner à comprendre le désir d'une vie meilleure, et permettre de mesurer combien la déshumanisation menace ceux qui rêvent de l'Eldorado.

Conçues pour être mises en œuvre au lycée, ces séances peuvent tout à fait être adaptées à la classe de 3e. Ainsi, pour les alléger, on peut resserrer les études de textes sur un aspect particulier de l'extrait.

Mise en œuvre

Découvrir l'œuvre par la BD

Séance 1
1 h[1]

SUPPORTS	OBJECTIFS	ACTIVITÉS
– « Sur le seuil » : BD constituant l'avant-texte de l'édition – « L'atelier de lecture » : « Aborder par la BD »	– Faire émerger les représentations des élèves au sujet des migrants – Construire un horizon d'attente avant de lire l'œuvre – Entrer dans l'œuvre et formuler de premières hypothèses de lecture	– Réflexion sur les termes « migrants » et « migrer » – Mise au jour d'un horizon d'attente – Analyse des planches de BD

1. La durée des séances est indicative.

Cette séance vise à mettre les élèves en situation de lecteurs interprètes et à construire collectivement un « horizon d'attente »[1] au seuil de la lecture. Elle s'appuie pour cela sur leurs représentations des migrants, sur les planches de bande dessinée adaptées du roman par Cécile Rousset, et sur des questions proposées dans « L'atelier de lecture » de l'édition, dans la rubrique « Aborder l'œuvre par la BD ».

INTERROGER LES REPRÉSENTATIONS DES ÉLÈVES

Les représentations des élèves au sujet des migrants constituent un point de départ intéressant, dans la mesure où la lecture du roman, on l'espère, viendra les enrichir et les nuancer. On s'attache donc à les faire émerger. Dans une simplification sans doute excessive, mais à laquelle Laurent Gaudé recourt lui-même (voir « La fabrique du texte » dans le dossier de l'édition), on indique en premier lieu que l'on s'apprête à lire un *roman sur les migrants*. Dans un temps volontairement bref, chacun est invité à noter ce qu'évoquent pour lui les termes « migrants » et « migrer », sous la forme de mots ou d'expressions quelque peu élaborées. Puis on partage les listes des élèves, dont on peut classer les éléments. Elles ont toute chance d'être fortement déterminées par l'actualité la plus récente sur le sujet : on souligne ce point pour rendre les élèves conscients de la manière dont elles sont fabriquées. On caractérise les stéréotypes comme tels (bateaux surchargés, camps…). Peuvent être mis en évidence les mots qui renvoient à la multitude : il est possible, mais rare, que les élèves aient une approche singularisante et individualisante des migrants. Enfin, on distingue le cas échéant les termes qui réfèrent à la dimension universelle et intemporelle de la migration.

CONSTRUIRE UN HORIZON D'ATTENTE

On s'interroge alors sur ce que l'on peut attendre d'un roman sur les migrants, en mobilisant les connaissances que les élèves ont du genre romanesque : qu'est-ce qu'*Eldorado* pourrait nous permettre de découvrir ? Les personnages de roman ont le plus souvent un visage, un nom, une histoire singulière : peut-être *Eldorado* nous offrira-t-il de comprendre à hauteur d'homme, par-delà des images de multitude, ce que vivent les migrants ?

1. Voir Hans Robert Jauss, *Pour une esthétique de la réception*, Gallimard, coll. « Tel », 1990.

DÉCOUVRIR L'ŒUVRE PAR LA BD

On propose ensuite de construire une première image du roman grâce aux planches dessinées par Cécile Rousset, dessinatrice et réalisatrice de films d'animation plusieurs fois primée (voir sa courte biographie dans l'édition), qui sont non pas l'illustration d'un extrait particulier, mais un éclairage sur l'œuvre, spécialement conçu pour l'édition.

Cette bande dessinée paraît raconter un sauvetage et un sacrifice. Présent quasiment du début à la fin, le personnage principal, un officier de marine, ou un sauveteur, selon le nom que lui donneront les élèves, dont l'hésitation sera le cas échéant intéressante à relever, coule et semble se faire happer par les algues, après avoir voulu sauver un naufragé de la noyade **[Q1]**. On reconnaît dans les premières cases un canot à la dérive, dans la nuit suggérée par les étoiles qui émaillent un ciel gris. D'abord aperçu de loin, il est vu dans la deuxième case comme au travers des jumelles du marin, dont nous épousons le point de vue. Il est chargé d'hommes, comme souvent de telles embarcations de fortune. La détresse des naufragés est suggérée par tous les bras levés, blancs sur fond noir : le cadrage dramatise la scène dans les cases 3 à 7, avec ces mains tendues qui émergent à peine de la surface de l'eau et du cadre **[Q2]**. L'esthétique frappe aussi par les choix forts de Cécile Rousset. Le noir et blanc et la relative stylisation des silhouettes et des visages, notamment, éloignent la scène des clichés, dans les deux sens du terme, que nous pouvons avoir à l'esprit, comme si elle était hors du temps. L'absence de texte, loin de nuire à la saisie de ce récit miniature, nous attache à l'histoire racontée de case en case ; les cris des naufragés résonnent peut-être d'autant plus dans l'imagination du lecteur qu'ils ne sont pas reproduits ici **[Q3]**. Plus étonnant encore est le glissement du figuratif vers le symbolique. Les premières cases reproduisent, on l'a vu, une scène vraisemblable et familière au lecteur : bateaux, bouée, personnages sont reconnaissables. Mais l'univers change progressivement dans les images 9, 10 et 11, une fois l'officier de marine dans l'eau. Les algues se muent en bras tendus, et bientôt en silhouettes humaines, pour former, dans l'avant-dernière case, un entrelacs de mains et de filaments qui remplit tout le cadre, et où l'on distingue à peine le sauveteur et le naufragé noyés ensemble, comme fusionnés avec les éléments **[Q4]**. Que symbolise une telle progression ? Que signifient le sacrifice du marin et sa disparition au fond des eaux ? Sa casquette, qui flotte encore à la surface à côté d'un gilet de sauvetage, dit sa mort avec sobriété. Mais un regard attentif reconnaîtra dans la courbe de la casquette un écho visuel de l'embarcation perdue de la première case. Est-ce à dire que la mort de cet officier était inscrite d'emblée dans cette tentative de sauvetage ? On gagnera à interpréter de nouveau, en fin de séquence, cette disparition du marin dans l'eau **[Q5]**.

DEVOIRS

Lire le premier chapitre.

Une rencontre bouleversante

Séance 2
1 à 2 h

SUPPORTS	OBJECTIFS	ACTIVITÉ
– *Eldorado*, chapitre I – « L'atelier de lecture », premier parcours dans l'œuvre (« Une rencontre bouleversante ») : « Entrée dans le texte par une microlecture », « Étude d'ensemble » et « Bilan » – Cahier photos : photos de Marie Dorigny	– Faire connaissance avec Salvatore Piracci et la femme du *Vittoria* – Découvrir une part de ce que vivent les migrants – Saisir la portée du premier chapitre	Analyse du chapitre I

Cette séance a pour but de donner à saisir la portée du prologue romanesque que constitue le premier chapitre. Il permet de découvrir deux personnages, la femme du *Vittoria* et celui dont elle vient bouleverser l'existence, le commandant Salvatore Piracci, héros inattendu de ce roman sur les migrants. Il entend aussi faire connaître les conditions dans lesquelles, de nos jours, ces derniers traversent la Méditerranée au péril de leur vie. La séance s'appuie sur les questions relatives à ce premier chapitre, qui figurent dans « L'atelier de lecture » de l'édition, rubrique « Questionner au fil du texte ».

ENTRÉE DANS LE TEXTE PAR UNE MICROLECTURE

Isolé par des blancs, le second paragraphe, à vocation descriptive, exprime en quatre phrases seulement la dualité du personnage, porté « par le mouvement de la foule » dans une déambulation nonchalante, heureux peut-être, mais déjà en décalage avec les autres hommes : les étals des poissonniers forment pour lui une « macabre exposition ». Lire ce paragraphe peut aussi conduire à interroger, dès l'*incipit*, la dimension allégorique de l'œuvre : que peuvent représenter ces « poissons disposés sur la glace, yeux morts et ventre ouvert » ?

ÉTUDE D'ENSEMBLE DU CHAPITRE I

Un commandant de la marine « seul » et « usé »

Salvatore Piracci vit et travaille en Sicile, à Catane, ville portuaire à laquelle fait référence le titre du chapitre. La situer sur une carte permet de saisir l'intérêt de ce choix romanesque : dans « la crise des migrants » que connaît le pourtour méditerranéen, c'est un avant-poste [Q1]. Le commandant mène une vie solitaire : « fils de plus personne », il n'est « ni père, ni mari » et « mène sa vie sans personne pour poser un regard dessus » [Q2]. Le roman s'ouvre, on l'a vu, sur une déambulation paisible du personnage dans les ruelles. Mais le premier échange avec la femme du *Vittoria* l'amène à évoquer les vingt années passées à secourir des hommes en mer, de nuit, qui lui ont « usé le visage et cerné les yeux » [Q3].

Les retrouvailles avec une femme meurtrie

Il retrouve une femme meurtrie, deux ans après l'avoir sauvée. Elle raconte son périple à bord du *Vittoria* : l'attente sur le quai, la foule qui bruisse de « langues inconnues », les espoirs de l'embarquement, puis l'alarme, donnée au second jour de la traversée, après l'abandon du navire par les passeurs ; le premier mort, puis la mort de son enfant, et la lente dérive jusqu'au sauvetage, au cours de la troisième nuit en mer [Q4]. Ce récit vise à faire comprendre à Piracci la raison pour laquelle, par la suite, elle lui demande une arme. Elle s'en explique ainsi : « J'ai su que c'était de vous que j'obtiendrais cette arme, parce qu'il était juste qu'il en soit ainsi. [...] Vous avez été le premier visage de l'Europe, vous en serez le dernier. » Pour elle, les retrouvailles avec cet homme revêtent une dimension symbolique ; elles offrent un aboutissement à son attente, au mûrissement de sa vengeance **[Q5]**. Chez lui, la stupeur et le mutisme, longtemps, dominent – ce que représentent peut-être les blancs entre les différentes sections du chapitre. Mais le départ de cette femme, plus encore, le perturbe : il fait alors face à un sentiment de « vide confortable » et pourtant insupportable, en comparaison du « désir » qui illumine le visage de cette femme **[Q6]**.

Le récit d'une histoire individuelle et d'un drame collectif

Au récit de la traversée succède un dialogue entre les deux personnages. La femme du *Vittoria* revient sur l'enquête qu'elle a menée pour mettre au jour les responsabilités véritables de cette situation tragique. Ainsi, à travers son personnage, l'écrivain révèle-t-il à son lecteur la part la moins visible, parce que la plus cachée, de ce que vivent les migrants en Méditerranée. Le roman change d'échelle, et passe de l'expérience individuelle aux enjeux géopolitiques de la région : cette articulation entre l'épreuve personnelle et la vision d'ensemble offre, de façon condensée, la possibilité d'une compréhension plus fine de la crise des migrants **[Q7]**.

Le texte trouve un écho saisissant dans les photographies réalisées par Marie Dorigny, en 2015, pour le compte du Parlement européen, qui souhaitait voir illustrée la condition des migrantes. À cette date, l'onde de choc suscitée par la mort du petit Aylan Kurdi, retrouvé mort sur une plage de Turquie, contribue en effet à ce que les frontières européennes s'ouvrent quelque peu. Les femmes photographiées ici vivent alors un moment « d'éclaircie », selon le mot de l'écrivaine Judith Perrignon, qui commente l'exposition *Displaced : femmes en exil* (Visa pour l'image 2020). Dans ces scènes d'attente se lisent tantôt l'espoir, tantôt l'hébétude et la vulnérabilité.

Mais, quelque réalistes que soient ces photos, le noir et blanc leur confère aussi une certaine intemporalité, proche de l'allégorie. Ainsi, les deux premières ne sont pas sans faire écho au thème pictural de la madone : voici une mère brutalement déplacée, mais sans sacralité aucune, sur un quai ou sous une tente de secours. La troisième photo, prise à un point d'enregistrement des migrants, à Lesbos, en Grèce, montre des familles qui attendent d'être réparties par nationalités. Le cadrage suggère une longue file immobile ; presque au centre, une femme tourne son regard vers un ciel que la lumière rend quasi surnaturel **[Q8 et Q9]**.

BILAN ET PROLONGEMENTS

On s'appuie sur l'une ou sur les trois pistes de réflexion proposées dans cette rubrique de l'édition pour mettre en évidence l'efficacité de l'*incipit*. Histoire dans l'histoire, le récit des épreuves endurées par la femme du *Vittoria* est d'autant plus saisissant qu'il est mené avec sobriété. Mais son périple est également décrypté sous l'angle géopolitique : Laurent Gaudé met ici au jour l'écheveau des relations et des tensions entre États, rouages dans lesquels sont pris les migrants sur la route de l'Europe. Sur le plan de l'intrigue enfin, cette rencontre ébranle littéralement le commandant Piracci : au seuil de l'œuvre, son existence vacille.

DEVOIRS

Rédiger ses impressions de lecture en suivant la consigne indiquée dans la rubrique « Tisser des liens personnels avec le texte » du premier parcours de lecture.

Un héros entre sauvetage et impuissance

Séance 3
2 à 4 h

SUPPORTS	OBJECTIFS	ACTIVITÉ
– *Eldorado*, extrait du chapitre I : le souvenir du *Vittoria* – « L'atelier de lecture », premier parcours (« Une rencontre bouleversante ») : « Commentaire de texte »	– Progresser dans la découverte de Salvatore Piracci – Saisir la portée de l'extrait étudié dans l'œuvre – S'initier ou s'exercer au commentaire littéraire	Commentaire de texte

L'objectif de cette séance est de découvrir plus en profondeur le personnage de Salvatore Piracci, au moment où se déploie sous les yeux du lecteur son souvenir du *Vittoria*, entre présent et passé. C'est aussi l'occasion d'initier les élèves au commentaire littéraire, ou de consolider leurs compétences dans cet exercice. Pour cela, on prendra appui sur les questions proposées dans « L'atelier de lecture » de l'édition.

Situation de l'extrait

Si l'*incipit* met en scène un personnage solitaire, déambulant « avec bonheur » dans les ruelles de Catane, l'apparition d'une femme au regard fixe et au visage « sans expression » paraît de nature à bouleverser l'ordre de son existence et à mettre en branle une histoire inattendue, comme souvent les événements qui surviennent au seuil d'un roman. Pour raviver sa mémoire, cette femme aux airs de fantôme tend à Salvatore Piracci une coupure de journal qu'elle accompagne d'une précision sèche, sans verbe : « Le *Vittoria*. 2004. »

I. Un souvenir encore vif

A. Le surgissement du souvenir. Instantanément émerge un souvenir d'une grande intensité : celui qu'a gardé le commandant d'une dure nuit de sauvetage, sur ce navire au nom cruellement incongru, sinon ironique. Dans le premier paragraphe de l'extrait, la brièveté des phrases et leur simplicité, accentuée, pour certaines, par l'absence de verbe, miment la vive remontée de ce souvenir encore intact, et placent le lecteur, par la focalisation interne, au plus près de la conscience de Piracci : « Le *Vittoria*. Oui, il se souvenait. [...] Un bateau rempli d'émigrants. Des centaines d'hommes et de femmes qui dérivaient depuis trois jours » **[Q1]**.

B. L'empreinte profonde laissée par l'épisode. La profonde empreinte laissée par ce moment se dit dans les répétitions du verbe « se souvenir », dont les trois occurrences organisent la remémoration : « Oui, il se souvenait. C'était le nom d'un navire qu'il avait intercepté [...]. Il se souvenait encore de cette forêt de têtes immobiles. [...] Il se souvenait d'avoir essayé de les compter [...]. » La mémoire restitue avec acuité les sensations éprouvées alors : « Il n'y avait que le silence, entrecoupé parfois par le bruit des cordes qui dansaient au rythme du roulis » **[Q2]**.

C. Un personnage happé par le passé. Ce qu'a éprouvé et qu'éprouve encore le commandant se devine à la place occupée par le ressac du souvenir dans le texte : le moment présent s'efface, l'épisode du *Vittoria* occupe trois paragraphes, avant un retour au présent qui laisse le personnage comme sonné. Ainsi, là où plus classiquement Laurent Gaudé aurait pu recourir à un verbe de parole, il choisit une formule qui mime l'absence à lui-même du personnage, lequel « s'enten[d] dire : "Venez" ». Le récit ne précise pas combien de temps s'écoule entre le mot de la femme du *Vittoria* qui accompagne la coupure de journal et cette invitation ; la page déployée souligne plutôt l'épaisseur d'une absence au présent, celle du commandant happé par ce souvenir effroyable **[Q3]**.

II. Une description emblématique de la misère des migrants

A. La détresse des migrants. Le souvenir du marin, qu'on sait pourtant expérimenté, permet ainsi au lecteur de mesurer le degré de misère des migrants. « [D]éshydratés, épuisés par le froid, la faim et les embruns », les rescapés ne marquent « aucune joie, aucune peur, aucun soulagement » : énumérations et répétitions soulignent leur détresse absolue **[Q4]**.

B. L'uniformité des migrants. Aucun individu ne se détache encore de ce groupe de rescapés : c'est pour le commandant « la misère », personnifiée, qui est « là, face à lui ». La métaphore de « l'amas d'hommes en péril », ainsi que l'uniformité du regard des migrants disent le trop-plein de cauchemars qui ont précédé cette scène silencieuse, sur le fond de laquelle, « forêt de têtes immobiles », tous semblent indiscernables les uns des autres **[Q5]**.

C. Le « sauvetage » des migrants. Le second paragraphe s'achève avec âpreté sur la question du sauvetage : abîmés dans leur humanité, les migrants du *Vittoria* ne peuvent « être sauvés tout à fait ». C'est là jouer sur la polysémie du terme, qui renvoie au sauvetage physique comme au salut, au corps comme à l'âme. L'amertume du commandant devant ce sauvetage inachevé se lit dans la construction de ce passage, articulé par l'adversatif : « Ce jour-là, ils les sauvèrent d'une mort lente et certaine. Mais ces hommes et femmes étaient allés trop loin dans le dégoût et l'épuisement » **[Q6]**.

III. Un héros face à son impuissance

A. Un personnage désemparé. Ainsi, face à ces survivants, Salvatore Piracci est-il paradoxalement renvoyé à son impuissance. Même compter les rescapés s'avère impossible : « [...] il n'y parvint pas. Il y en avait partout. Tous tournés vers lui. » Le blanc qui sépare le deuxième paragraphe du troisième représente peut-être ce face-à-face mutique entre un sauveteur impuissant et des rescapés sans espoir. L'incompréhension et l'impuissance paraissent relier l'événement au moment présent : tandis que le récit laisse le souvenir à l'arrière-plan, les questionnements s'accumulent dans l'esprit du commandant : « Il n'avait aucune idée de ce que voulait cette femme, de ce qui allait advenir, de la façon dont elle l'avait retrouvé » **[Q7]**.

B. Un geste symbolique. Cette impuissance est matérialisée par le geste de Piracci pour « lui toucher l'épaule et la réconforter ». Comme s'il proposait une vue d'en haut de ses personnages, le narrateur délaisse alors la focalisation interne. Omniscient cette fois, le lecteur apprend que ce geste répète celui qu'avait esquissé le commandant deux ans plus tôt : « il n'était pas allé jusqu'au bout et avait retiré sa main [...] il avait senti dans le regard de cette femme qu'elle ne voulait aucune aide ». Sans que le personnage en ait conscience, les deux moments se superposent, « sur cette passerelle incertaine, comme [...] en passant la porte de son immeuble » **[Q8]**.

C. Un point de bascule. Ainsi la seconde section du chapitre inaugural s'achève-t-elle sur ce surgissement du passé dans le présent des personnages, sur ce que les corps révèlent à leur insu, sur l'aide qui demeure suspendue, comme une main tendue qui n'aurait plus à saisir que du vide. Laurent Gaudé, sous nos yeux, fait déjà douter son personnage et questionne le fondement de son existence : Salvatore peut-il vraiment sauver les autres **[Q9]** ?

Conclusion

Cette page nous plonge dans la pensée du commandant Piracci, puis donne à voir le personnage en surplomb, pour nous permettre de saisir le vertige qui le saisit lors des retrouvailles avec la femme du *Vittoria*. Elle nous permet d'interroger nos représentations de ce que vivent les migrants en mer : les clichés qui nous viennent à l'esprit sont sans force au regard de ce qu'opère ici l'écriture, pour dire l'absolue détresse qui est la leur. En sorte que, au seuil de l'œuvre, le lecteur, s'il accepte lui aussi de vaciller, se trouve presque dans la même situation que Salvatore Piracci : prêt à changer de regard sur ce qu'il croit connaître.

OUVERTURE : LA BD EN ÉCHO

En écho à cette lecture, on propose aux élèves de reprendre les cases 5 à 7 de la BD créée par Cécile Rousset, pour étudier en particulier le rôle des corps et des mains. Au cœur de la cinquième case, ces dernières structurent l'image et se signalent comme l'instrument et le symbole du sauvetage. Le dessin des bras qui émergent de l'eau est prolongé par le corps des deux sauveteurs, comme si, en cet instant, les corps des uns et des autres ne devaient plus faire qu'un. C'est encore le geste de la main tendue qui dynamise et dramatise le dessin suivant, d'autant plus que la main du migrant se perd dans le bord inférieur de la case. Mais les deux naufragés connaissent dans la septième case un sort différent : l'un est recueilli à bord, à droite de l'image ; de l'autre, on voit la main échapper à celle du commandant, puis s'éloigner. Désespérément tendue pour le sauvetage, la main du marin paraît transposer les gestes de Piracci à l'égard de la femme du *Vittoria*.

DEVOIRS

Lire les chapitres II à VIII.

Le périple de l'Eldorado

Séance 4
1 h

SUPPORTS	OBJECTIFS	ACTIVITÉ
– *Eldorado*, chapitres II à VIII – « L'atelier de lecture », deuxième parcours (« Le périple de l'Eldorado ») : « Entrée dans le texte par l'image », « Étude d'ensemble » et « Bilan » – Cahier photos	– Repérer les choix narratifs de l'œuvre, au service de deux formes d'errance – Comprendre le rôle du désir dans la décision et les épreuves de l'exil	Analyse des chapitres II à VIII

Cette séance accompagne les élèves dans leur lecture des chapitres II à VIII, qui développent l'histoire de Soleiman et celle de Salvatore Piracci en regard l'une de l'autre. À l'errance du jeune migrant dans le nord de l'Afrique, dont chaque épreuve met en péril l'intégrité, répond le cheminement intérieur de Salvatore Piracci, qui s'arrache peu à peu à lui-même. Tous deux vivent, dans des conditions différentes, un parcours initiatique à l'horizon duquel se dessine la possibilité d'une vie nouvelle. Cette séance s'appuie sur les questions portant sur ces chapitres dans « L'atelier de lecture » de l'édition, ainsi que sur les œuvres d'art représentant l'exil réunies dans le cahier photos et proposées à l'étude dans la rubrique « Le coin des arts ».

ENTRÉE DANS LE TEXTE PAR L'IMAGE

Les élèves sont invités à choisir dans le cahier photos l'image qui leur paraît le mieux représenter l'exil. Barthélémy Toguo s'approprie le cliché

du bateau chargé de migrants, et en fait une œuvre étonnante : dans une atmosphère presque douce, où le danger semble seulement figuré par les bris de bouteille sous la coque, un empilement de ballots de tissus colorés se substitue à l'habituel amas de naufragés, allégorie de ce qu'emportent les hommes avec eux. *Le Passeport renversé* d'Oscar Rabine met lui aussi en scène des objets pour dire de façon allégorique la nostalgie, la perte de repères et d'identité [Q1]. Banksy quant à lui reprend le célèbre *Radeau de la Méduse* de Géricault, et en révèle avec force toute l'actualité en réalisant sa fresque sur un mur de la ville de Calais. À l'horizon, indifférent aux appels des naufragés, un yacht passe [Q3].
On s'attarde plus longuement sur l'installation de l'artiste JR. Sur la table du pique-nique qu'il a organisé, laquelle traverse la frontière entre États-Unis et Mexique, les yeux d'une jeune migrante, tournés vers le ciel, interpellent le spectateur. Son visage passe littéralement la frontière ; à moins qu'il ne faille voir, à l'inverse, cette dernière comme une cicatrice qui coupe le visage en deux, et porte ainsi atteinte à l'humanité de cette jeune fille. Qu'est-ce qui brille en définitive dans ce regard ? Est-il l'allégorie du désir tenace, de la courageuse et indéfectible obstination des migrants ? Traversant aussi la frontière qui sépare l'œuvre du spectateur, nous interroge-t-il sur la façon dont nous-mêmes les considérons ? Cette œuvre éphémère où l'humain et la frontière entrent en tension rappelle qu'en ce lieu se joue une part décisive de leurs rêves et de leur vie [Q2].

ÉTUDE D'ENSEMBLE DES CHAPITRES II À VIII

Un cheminement d'épreuve en épreuve

Le récit qui s'ouvre au chapitre II est pris en charge par un narrateur et personnage nouveau : un jeune Soudanais du nom de Soleiman. Le titre du chapitre et les premières phrases suffisent à dire l'importance de Jamal au sein de leur duo – c'est lui qui conduit et qui a pris l'initiative du départ. Soleiman, le plus souvent, observe, regarde, « contemple » son frère ; ils n'agissent que de concert jusqu'à leur séparation. Ainsi, quand le roman donnait à découvrir l'histoire d'une femme passée par la mortelle épreuve de la traversée, c'est ici un jeune migrant inexpérimenté qui raconte son histoire [Q1]. Il s'engage sans le savoir dans une série d'épreuves d'ordres divers. Après la séparation d'avec son frère, malade incurable, il affronte la violence et la désillusion, dans le piège tendu par les passeurs en Libye, qui le dépouillent et le laissent « comme mort ». Mais symétriquement, le jeune migrant à son tour agresse et vole un paysan sur la route de Ghardaïa : cette épreuve lui donne le sentiment d'une absolue déchéance morale [Q2], même si elle est aussi le signe de sa détermination sans faille. En contrepoint, Salvatore Piracci, toujours hanté par la femme du *Vittoria*, vit un nouvel épisode de sauvetage inachevé, puis refuse son aide à l'un des rescapés et le regrette, mais trop tard, avant de s'en prendre violemment au capitaine des passeurs. Après avoir erré jusqu'au cimetière de Lampedusa, il « enterr[e] le commandant qu'il [a] été », en s'abandonnant à un exil volontaire [Q3].

Deux récits entrecroisés

Les deux récits sont développés en alternance : à Salvatore Piracci les chapitres impairs, à Soleiman les chapitres pairs. Le récit consacré au commandant italien est conduit à la troisième personne, avec les temps du passé. C'est en revanche à la première personne qu'est racontée l'aventure de Soleiman. Souvent brèves, fondées sur le système des temps du présent, ses phrases donnent sans cesse le pouls d'une vie vécue dans l'instant présent et l'incertitude, à la merci du danger, sans perspective autre que spatiale – l'horizon européen à l'autre bout du continent [Q4]. Ainsi *Eldorado* mobilise-t-il des formes romanesques différentes en son sein : on croit lire un roman traditionnel en découvrant l'histoire de Salvatore Piracci, qui se déroule dans la durée [Q5] ; en revanche, le présent permanent domine dans l'aventure de Soleiman. Proche d'un reportage, le récit restitue sur le vif la parole et les sensations du personnage ; il se donne à lire comme n'ayant pas encore la forme achevée et polie d'une histoire que l'on sait close d'avance [Q6].

Deux personnages qui changent

Toutefois, le danger pour Soleiman vient en définitive plus de lui que de l'extérieur : l'épreuve véritable est celle qui consiste à demeurer lui-même, voire à demeurer humain tout court, et digne des espoirs que son frère fondait sur lui. Peut-on s'exiler sans se trahir ? Telle semble être la question que se pose le jeune migrant [Q7]. Inversement, c'est avec bonheur que Salvatore Piracci découvre en son départ une chance de n'être plus celui qu'il a été jusqu'ici. L'Eldorado dont lui parle l'inconnu du cimetière de Lampedusa métaphorise le désir qu'il a lu dans les yeux de ceux que tout au long de sa carrière il a interceptés. D'eux, il semble surtout envier et admirer cet « éclat de volonté », au point de vouloir l'éprouver lui-même dans toute son intensité, afin de n'avoir plus jamais « le fond de l'œil sec ». L'épisode du cimetière est à la fois celui d'une révélation et d'un enterrement symbolique, celui du « commandant » : passer cette frontière en son for intérieur est gage d'une renaissance pour Salvatore Piracci **[Q8]**.

BILAN ET PROLONGEMENTS

À partir des questions 1 et 2, on soulignera, chez Salvatore Piracci, les signes annonciateurs de son évolution, sensibles dès le premier chapitre : c'est déjà un personnage en partie détaché de sa vie **[Q1]**. Cette progressive dépossession, chez lui volontaire et source de paix intérieure, mais subie dans la violence par Soleiman, est précisément ce qui les réunit par-delà l'alternance des chapitres **[Q2]**.

DEVOIRS

Rédiger ses impressions de lecture (voir la rubrique « Tisser des liens personnels avec le texte » du deuxième parcours de lecture de l'édition), et lire les extraits du groupement de textes « Visions de l'Eldorado ».

Qu'est-ce que l'Eldorado ?

Séance 5
2 h

SUPPORT	OBJECTIFS	ACTIVITÉ
« Résonances et rebonds », groupement de textes 1 (« Visions de l'Eldorado »)	– Étudier des textes relevant de la littérature d'idées – Mettre en perspective le roman avec la tradition littéraire de l'Eldorado – Comprendre les ressorts de cette utopie	Lecture comparée

Cette séance propose un pas de côté par rapport à l'œuvre, pour mieux y revenir. Il s'agit d'éclairer le sens du titre en s'interrogeant sur ce mythe des temps modernes, l'Eldorado, par la lecture comparée de textes écrits du XVIIIe au XXe siècle, réunis dans le premier groupement de textes de la section « Résonances et rebonds » de l'édition. Elle s'appuiera sur les questions qui suivent les extraits.

CONFRONTATION DES TEXTES

Pour confronter les textes, on pourra se demander comment comprendre la force d'attraction de l'Eldorado, symbole – vivace à travers les âges – d'abondance et d'une vie meilleure.

En préambule, on rappelle l'origine de l'Eldorado. C'est un mythe du « Nouveau Monde » : lorsqu'en 1492 Christophe Colomb s'embarque pour les Indes, qu'il veut gagner par l'ouest, celles-ci représentent pour les chrétiens un paradis terrestre en même temps qu'une promesse de richesses. Au XVIe siècle, les récits, parfois trompeurs, des Indiens au sujet d'un royaume regorgeant d'or, ainsi que la quête des conquistadors qui parcourent le continent à sa recherche, nourrissent les textes des chroniqueurs espagnols de la conquête. Une coutume légendaire selon laquelle un chef indien, une fois par an, était oint d'huile et couvert de poudre d'or donne un nom à ce pays fabuleux : « El dorado » (« l'homme doré », en espagnol).

On explique que la littérature fixe très tôt les traits de ce territoire imaginaire. Parmi les textes du groupement, celui de Voltaire le dépeint comme un espace de richesses infinies, une contrée bienheureuse, un refuge introuvable. C'est le rêve européen d'un « pays où tout va bien », selon le mot de Candide dans le conte homonyme. Avec sérieux et fantaisie à la fois, le philosophe s'approprie ce mythe, en exhibe par l'exagération le caractère fictif, et l'inscrit dans la quête d'une société idéale, emblématique du siècle des Lumières. L'or, cette « boue jaune » méprisée par les autochtones, et qui attise au contraire la cupidité du héros, compte moins que la raison, la science et l'harmonie qui règnent dans le royaume d'Eldorado, dont l'absence de cour de justice, de parlement et de prison sont des preuves éloquentes. Un siècle plus tard, Jules Verne à son tour renvoie l'Eldorado à la légende et livre dans *La Jangada* une description désenchantée d'une Amazonie en voie d'européanisation : aux premières réserves du narrateur sur ce mythe succède la peinture subtilement satirique des habitants de Manao, que rien ne distingue plus de ceux du vieux continent **[Q1 et Q2]**.

Mais le désir d'un ailleurs merveilleux perdure et traverse le temps et l'espace. Du XIXe au XXe siècle, les États-Unis font figure « d'eldorado des temps modernes », comme le relate Georges Perec dans *Ellis Island* : les émigrants rêvent alors d'une terre « si vaste et si généreuse que tout le monde pouvait y trouver sa place ». Avec ironie, Perec dévoile l'envers de ce pays enchanté et l'exploitation des nouveaux arrivants. Sans explicitement faire référence à l'Eldorado, Paul Nizan analyse quant à lui ce qui rend l'ailleurs désirable dans *Aden Arabie*, après un voyage en Orient dans les années 1920. D'un ton acerbe et polémique, il présente les mondes imaginaires situés en Amérique, en Afrique ou en Asie comme autant de contrepoints à une Europe minée par une supposée longue décadence, et dévastée au lendemain de la Première Guerre mondiale, toile de fond sur laquelle ce texte s'écrit **[Q3]**.

Entre rêve et déception, espoir et démystification, le mythe de l'Eldorado alimente et cristallise donc les fantasmes depuis le XVIe siècle, en même temps qu'il offre l'occasion d'une réflexion morale, politique et sociale. Il travaille notre géographie imaginaire et révèle le renouvellement constant de notre espérance en un monde meilleur. Laurent Gaudé, quant à lui, n'entend pas le revitaliser en tant que tel. C'est dans un cimetière, tragique signe de son inexistence, que le nom est pour la première fois mentionné dans le roman, à Lampedusa. Ni le commandant ni l'écrivain ne croient au mythe, mais tous deux sont fascinés par la force qu'a conservée son nom. Ce qui fonde l'œuvre, c'est bien la question de la permanence et de la vitalité de cette utopie. L'Eldorado se confond désormais avec le désir qu'en ont les migrants, au point que Piracci, en s'embarquant, devient lui-même « l'homme Eldorado », tout entier devenu désir **[Q4]**.

DEVOIRS

Pour comprendre le sens de l'Eldorado pour Salvatore Piracci, relire l'épisode de son départ à la fin du chapitre V et, dans le deuxième parcours de « L'atelier de lecture » (« Le périple de l'Eldorado »), répondre aux questions 7 à 9 prévues pour la troisième partie du commentaire (« Le départ de Piracci vers un Eldorado intérieur » : « Une vitalité nouvelle »).

Deux frères de déchéance

Séance 6
2 h

SUPPORTS	OBJECTIFS	ACTIVITÉ
– Eldorado, chapitre VIII – « L'atelier de lecture », deuxième parcours (« Le périple de l'Eldorado ») : « Explication linéaire » – Cahier photos	– Progresser dans la découverte de Soleiman – Comprendre l'épreuve personnelle à laquelle est confronté le personnage – S'initier ou s'exercer à l'explication linéaire à l'oral	Explication linéaire

Après avoir saisi la façon dont Laurent Gaudé nous invite, sans illusion, à penser le mythe de l'Eldorado, et suivi Salvatore Piracci dans le mouvement de dépossession qui le conduit à partir au large, il est intéressant de revenir à l'exil de Soleiman. Cette séance vise aussi à initier les élèves à l'explication linéaire à l'oral, ou à consolider leurs compétences dans cet exercice. On s'appuiera sur les questions qui guident sa construction dans « L'atelier de lecture » de l'édition : « Deux frères de déchéance ».

EXPLICATION LINÉAIRE : DEUX FRÈRES DE DÉCHEANCE

Situation de l'extrait

Dans les pages qui précèdent, Soleiman a agressé et volé un marchand qui faisait route vers l'Algérie dans le même camion que lui. Le titre du chapitre VIII, « Je me perdrai à Ghardaïa », prend dès lors tout son sens : il a pris le risque d'un égarement moral, voire d'une déchéance.

Entre le silence des passagers et le regard de Boubakar (premier mouvement)

C'est l'indifférence des autres passagers qui sauve Soleiman de tout soupçon. Dans le premier paragraphe, les débuts de phrases et la progression du texte miment l'attention du jeune migrant, à l'affût des réactions et des hypothèses des voyageurs : « Personne ne s'est enquis davantage de ce qui avait pu lui arriver. Pour certains [...]. Pour d'autres [...]. Personne n'a véritablement cherché à savoir [...] ». « [C]oncentrés sur [leur] propre survie », les hommes semblent ballottés par le hasard et soumis aux lois de l'errance, comme en témoigne la métaphore des camions devenus « ces grands navires des routes qui ne cessent d'aller et venir » [Q1]. La réaction de Boubakar, qui a compris quant à lui ce qu'a fait son compagnon, est seulement suggérée par Soleiman : « Boubakar n'a pas tardé à relever les yeux et je n'ai pu éviter longtemps son regard ». L'échange est silencieux : « J'ai vu alors qu'il avait compris. Ce n'était pas un regard de reproche. » L'insistance sur le regard exprime, sinon la connivence entre les deux personnages, du moins la protection qu'accorde ainsi l'aîné à son cadet [Q2]. Cette protection s'explique par l'alliance qu'ils ont nouée et par le bénéfice que tous deux vont retirer de ce vol : « Il a pris l'argent que je lui ai tendu », raconte Soleiman ; « Il sait tout ce que cela va nous éviter ». Et le narrateur d'égrener avec espoir les effets matériels de ce sauvetage : « aller directement de Ghardaïa à Oujda, sans chercher pendant des jours à travailler », gagner « des semaines d'usure, peut-être même des mois ». Mais s'attarder sur ces considérations pratiques, si essentielles soient-elles, masque à peine aux yeux mêmes de Soleiman la contrepartie morale de l'agression commise [Q3].

Soleiman, au miroir de Boubakar (second mouvement)

La phrase et la caractérisation négatives « Ce n'était pas un regard de reproche », ainsi que la répétition de ce dernier terme (« Il ne me reproche rien »), appellent un deuxième temps dans les observations et la réflexion du jeune homme. Celui-ci s'ouvre logiquement sur un adversatif et sur la reprise du thème du regard : « Mais je vois dans ses yeux une étrange tristesse » [Q4]. C'est par le détour d'une comparaison teintée de désespoir, où se disent l'errance, l'introuvable Eldorado, mais aussi la déchéance, que le jeune migrant tente cette fois de le définir : « Boubakar me regarde comme il regarderait un navire qui s'éloigne et dont on sait qu'il n'atteindra aucun port. » Une autre image, celle du vieillissement, métaphorise l'usure morale que subissent tragiquement les exilés : « Le voyage impose ses épreuves et nous vieillissons à chacune d'entre elles » [Q5]. On comprend mieux, dès lors, le rôle de Boubakar : non pas seulement protecteur et adjuvant, mais aussi personnage miroir, double abîmé du jeune Soudanais, peut-être boiteux jusqu'en son for intérieur. Soleiman ne peut qu'imaginer ce qu'a tu la dignité de son compagnon ; le récit met en scène ses interrogations – « Qui sait ce que lui-même a été amené à faire durant son errance de sept ans ? » – et ses hypothèses – « Je pressens qu'il a fait lui-même, en d'autres occasions, des choses troubles [...]. Il n'est pas impossible, même, que ce soit pour cela qu'il m'a pris avec lui » **[Q6]**. La protection de Boubakar trouve à présent une explication : c'est l'hypothèse d'un rachat, d'une compensation pour les « choses troubles » que « le boiteux » a pu commettre, ces « laideurs intimes » qui les rapprochent en cet instant **[Q7]**. Les dernières phrases de l'extrait, en effet, mêlent étroitement sentiments de déchéance et de communion, et même d'identité. Ici, la conjonction de coordination suggère l'amertume de Soleiman de se voir ainsi reconnu et ressemblant : « Et maintenant il me voit devenir ce qu'il est » ; là, une apparente antithèse se résout dans l'idée de la solidarité : « Son regard m'accueille avec tristesse dans la communauté des hommes déchus par la peur et l'urgence » **[Q8]**.

Conclusion

En cette page culmine la dépossession qui, étape après étape, abîme le personnage de Soleiman, jusqu'au sentiment de déchéance. Au rebours des promesses de l'Eldorado, c'est la déshumanisation qui menace les migrants dans leur entreprise. Mais le jeune homme éprouve tout aussi profondément, et pour cause, un sentiment de communion avec son compagnon de fortune : gage, peut-être, d'un salut par-delà l'épreuve.

QUESTION DE GRAMMAIRE

L'explication est suivie d'une question de grammaire, comme lors de l'épreuve d'examen. Il s'agit ici d'étudier les propositions subordonnées dans cette phrase : « Boubakar me regarde comme il regarderait un navire qui s'éloigne et dont on sait qu'il n'atteindra aucun port. » Le corrigé de cette question de grammaire est disponible dans les ressources pédagogiques dédiées au titre sur le site de la collection : **lesateliersactessud.fr**.

DEVOIRS

Lire les chapitres IX à XIII.

La dernière épreuve

Séance 7
1 h

SUPPORTS	OBJECTIFS	ACTIVITÉ
– *Eldorado*, chapitres IX à XIII – « L'atelier de lecture », troisième parcours (« La dernière épreuve ») : « Étude d'ensemble »	– Mesurer le chemin parcouru par les personnages – Comprendre comment l'œuvre se clôt	Analyse des chapitres IX à XIII

Cette séance accompagne les élèves dans leur lecture des derniers chapitres de l'œuvre, qui dramatisent l'ultime étape du périple des héros et racontent comment leur humanité et leur vie se trouvent mises en péril. Elle s'appuie sur le parcours proposé dans l'édition (section « Questionner au fil du texte » dans « L'atelier de lecture »).

ÉTUDE D'ENSEMBLE DES CHAPITRES IX À XIII

Des personnages au terme de leur périple

Avant d'entendre le nom de « Ghardaïa » et de choisir de s'y rendre, c'est à Al-Zuwarah que nous retrouvons Salvatore Piracci après sa traversée, au nord-est de la Libye, près de la frontière tunisienne. Sans doute ce nom aura-t-il rappelé au lecteur la seconde épreuve endurée par Soleiman, volé près de cette ville par de prétendus passeurs **[Q1]**. À son tour, Piracci est devenu un migrant que l'on intercepte et que l'on interroge. Mais la situation qu'il vit peu après est plus paradoxale encore : « la reine d'Al-Zuwarah » lui propose de l'employer comme passeur : à « berner » les sentinelles de l'Europe, il serait « le meilleur » **[Q2]**. De leur côté, Soleiman et Boubakar ont laissé l'Algérie derrière eux et se trouvent dans un camp, au Maroc. La présence de « policiers espagnols » incite à repérer, sur une carte, l'enclave bientôt mentionnée de Ceuta, ville autonome espagnole située sur le côté africain du détroit de Gibraltar. Si près de la frontière, la tension va croissant, et la distribution de l'assaut dans les chapitres X et XII, malgré la quasi-unité de lieu et de temps de ce moment, en dramatise le déroulement. Significativement, le chapitre X s'interrompt alors que les deux migrants se retrouvent entre deux grilles, entre l'Afrique et l'Europe **[Q3]**.

Deux héros, un épilogue

Parvenu à Ghardaïa, l'ancien commandant semble s'y égarer à son tour. Mais comme on le devine peut-être au chapitre VIII, pour l'apprendre réellement au chapitre XIII, c'est aussi en cette ville que se rencontrent les deux héros. Elle est le carrefour du roman, le lieu des risques et des possibles, où les vies peuvent bifurquer. Soleiman finalement s'y trouve lui-même, et acquiert là une détermination sans faille ; Salvatore Piracci y trouve le sens de son propre voyage [Q4]. Les signes se multiplient d'une clôture de l'œuvre sur elle-même. La place où s'assied le marin italien dans l'espoir de « disparaître », avant qu'il n'aperçoive le jeune Soudanais, rappelle l'image du marché sur laquelle s'ouvrait le roman, où déjà le personnage se laissait porter par la foule. Autre écho, le souvenir de la femme du *Vittoria*, qui lui revient peu avant l'accident avec le camion : le lecteur peut voir là une invitation à considérer le chemin parcouru par le héros [Q5]. Il en va de même de Soleiman : s'il n'imaginait pas devoir se séparer de son frère Jamal au chapitre II, il trouve en Boubakar un second frère, lié à lui par le secours qu'ils se sont apporté mutuellement [Q6]. Un objet lui aussi contribue à cet achèvement de l'œuvre : le collier de perles vertes, passé de Jamal à Soleiman puis à Salvatore, qui noue les deux récits, et sur le scintillement duquel se termine le roman [Q7].

Une réflexion sur le désir et les dangers de l'« Eldorado »

Au terme de son périple, Soleiman triomphe d'une ultime épreuve, celle qui par-delà sa vie met en jeu son humanité. Plus que la détresse matérielle, ce qui menace les migrants, nous dit l'œuvre, c'est le danger de se perdre, d'abandonner toute dignité et toute morale face à l'impératif de la survie [Q8]. Salvatore Piracci lui aussi vit un dernier défi existentiel : si dans le bus, il tente en vain de dessiller les yeux des voyageurs qui rêvent d'Europe, la rencontre avec Soleiman achève de le transformer. Il saisit que l'essentiel ne réside ni dans la promesse, ni dans l'illusion de l'Eldorado, mais dans le désir qu'il suscite et qu'il décide alors de cultiver chez autrui, au rebours de ce qu'a été sa première vie. S'il peut mourir, c'est que son périple a pris sens : les deux récits sont asynchrones parce qu'il fallait que se croisent les routes des héros, afin que chacun permette à l'autre de poursuivre la sienne [Q9].

DEVOIRS

Rédiger ses impressions de lecture (voir la rubrique « Tisser des liens personnels avec le texte » du troisième parcours) et réaliser l'activité intitulée « Les visages de Salvatore Piracci », dans la rubrique « Synthétiser ».

Une rencontre salvatrice

Séance 8
2 h

SUPPORTS	OBJECTIFS	ACTIVITÉ
– *Eldorado*, chapitre XIII – « L'atelier de lecture », troisième parcours (« La dernière épreuve ») : « Explication linéaire »	– Comprendre comment l'œuvre prend sens dans la rencontre entre les deux héros – S'initier ou s'exercer à l'explication linéaire à l'oral	Explication linéaire

Cette séance vise à étudier, dans la perspective de l'épreuve orale, la rencontre décisive entre les deux personnages, qui scelle à la fois le sens de leur histoire et les deux récits ensemble. Elle s'appuie sur les questions proposées dans « L'atelier de lecture » de l'édition (section « Questionner au fil du texte »).

EXPLICATION LINÉAIRE : UNE RENCONTRE SALVATRICE

Pour situer l'extrait

Après avoir suscité la colère des passagers dans le bus, pour avoir tenté de les détromper sur le mythe de l'Eldorado européen, Salvatore Piracci paraît totalement perdu. Il tente en vain de se suicider. Mais quelque temps plus tôt, il a aussi entendu une histoire qui l'a laissé à la fois incrédule, envieux et malheureux : celle des « ombres de Massambalo », les bienfaiteurs envoyés sur la route par le « dieu des émigrés ». Le soir venu, assis par terre, sur une place, après avoir « quasiment disparu de lui-même », il s'aperçoit qu'un jeune homme lui fait face.

Une question surprenante (premier mouvement)

La scène est vue par Salvatore Piracci. Ainsi « le jeune homme » n'est-il pas nommé ; le lecteur néanmoins peut nouer ici les fils du roman et deviner qu'il s'agit de Soleiman, qui lui aussi est venu à Ghardaïa, et y a fait une rencontre déjà évoquée à deux reprises dans l'œuvre, aux chapitres VIII et XII. On devine que l'épisode à venir donne la clé du mystérieux élan de courage qui a repris le jeune migrant, et constitue la clé de voûte des deux récits [Q1]. La question qu'il pose à Piracci – « Massambalo ? » – suscite d'abord la stupéfaction chez ce dernier : « Il compren[d] ce que cela v[eut] dire mais ne sa[it] que répondre ». Le récit, au discours indirect libre, nous plonge dans le monologue intérieur de Piracci. Ici, l'adverbe mime le retour des souvenirs : « C'était bien ce même nom » ; là, il s'agit de reproduire le surgissement des questions : « Que lui voulait le jeune homme ? » [Q2]. Le texte va et vient d'un personnage à l'autre : « Le jeune homme continuait à le regarder [...] Le commandant sentait que quelque chose de définitif se jouait là, pour lui, dans l'air chaud de cette place. » Le déictique « là », la précision sur les sensations suspendent le temps et témoignent d'une progressive prise de conscience chez Salvatore Piracci, de l'importance du moment à venir. De nouveau, le voilà devant le choix de « consentir ou renoncer », comme face à la femme du *Vittoria* ou, après cet épisode, face à l'interprète [Q3].

Le dilemme de Salvatore Piracci (deuxième mouvement)

La deuxième occurrence de la question plonge l'ancien commandant dans ce même dilemme : acquiescer serait « conforter cet homme dans son désir de voyage », mais ce regard « tout entier dans sa demande » l'a néanmoins frappé. C'est toute la pensée rationnelle de l'Européen qui soulève ici les questions de la survie – « S'il mourait ? [...] celui-là ne serait pas plus chanceux de l'avoir croisé » – et qui répète, comme pour s'en convaincre, ses propres certitudes – « il n'était l'ombre d'aucun dieu [...], il serait cruel de lui faire croire qu'il était dorénavant protégé » [Q4]. Cependant, le regard du jeune migrant rappelle celui « de la femme du *Vittoria* » et de ceux « qui iront jusqu'au bout de leurs forces » ; comme par association d'idées, le souvenir de « la vie sicilienne » revient alors à l'esprit de Piracci. Les répétitions scandent le texte et disent la prise de conscience, que matérialise aussi l'alternance entre l'imparfait – du moment présent, celui de la décision possible – et le plus-que-parfait, qui renvoie à une vie révolue : « Il avait été tant de fois la malchance [...]. Il se souvenait des milliers d'yeux [...]. Il se souvenait de ces années où il n'avait vu que des visages fermés [...]. Il était maintenant de l'autre côté». Significativement, le verbe «comprendre» fait l'objet de ce glissement d'un temps à l'autre : «il avait fini par comprendre que ce n'était pas cela qu'il recherchait [...], il comprenait que l'Eldorado existait pour les autres» **[Q5]**. Autant que la métaphore, la dislocation de la phrase, avec son effet de mise en relief, exprime le rôle que le héros a le sentiment désormais de devoir jouer : «La fièvre de l'Eldorado, c'est cela qu'il pouvait transmettre.» L'image relaie par ailleurs celle, moins explicite, mais non moins éloquente, du feu, évoquée plus haut : «Il lui était donné de pouvoir souffler sur le désir des hommes pour qu'il grandisse» **[Q6]**.

Deux dons empreints de sacralité (troisième mouvement)

À la prise de conscience succède la décision d'acquiescer, lorsque Soleiman pose à nouveau sa question, comme en témoigne la négation exceptive : «il n'était parti de Sicile que pour cet instant». Cette résolution nouvelle ôte définitivement à Salvatore Piracci les traits du «visage de la malchance», si l'on se réfère à la façon dont, à l'instar de la femme du *Vittoria*, celui du jeune migrant «s'illumine» **[Q7]**. Tout l'extrait apparaît construit autour des trois occurrences de la question «Massambalo?», comme si, à la manière d'un héros de conte, il fallait à Piracci trois étapes avant de parvenir à la révélation **[Q8]**. Et le roman semble culminer dans la solennité, voire la sacralité, que confèrent à cet échange le quasi-silence de la scène – seul le nom «Massambalo» a été prononcé, et Salvatore Piracci «sans dire un mot, acquiesce de la tête» – mais aussi la lenteur des gestes, la «déférence» de Soleiman à l'égard de son protecteur, comparé à «un souverain que l'on craint d'offenser», ou encore sa «sérénité majestueuse» lorsqu'il donne enfin son nom à Piracci et au lecteur **[Q9]**. Alors que le récit privilégiait jusque-là la focalisation interne, une vue d'ensemble de leur séparation met en scène et en miroir la paix qui les a gagnés : «il regarda une dernière fois Salvatore Piracci et disparut. [...] Plus rien ne l'effraierait. [...] Salvatore Piracci le regarda disparaître [...]. Il était bien.» C'est que chacun s'est vu délivré par l'autre : talisman devenu inutile, l'amulette est reçue par Salvatore comme le symbole d'une mission nouvelle; l'acquiescement de ce dernier offre à Soleiman la force de poursuivre et, on le sait déjà, de traverser bientôt la frontière «sûr de lui sans vanité, et courageux sans arrogance» **[Q10]**.

Conclusion

Page qui rend possible la suite du périple de Soleiman, et qui dans le même temps donne sens à celui de Salvatore Piracci, carrefour romanesque où se croisent les histoires des deux personnages, le récit de cette rencontre nous invite à voir l'Eldorado comme le conçoit peut-être Laurent Gaudé : un désir universel, sans autre objet que la vie pleinement ressaisie (Piracci), auquel seuls des gestes d'humanité peuvent ouvrir la voie (Soleiman).

QUESTION DE GRAMMAIRE

L'explication est suivie d'une question de grammaire, comme lors de l'épreuve d'examen. Il s'agit ici d'expliquer le choix des temps pour les verbes en italique : « Il pensa que s'il *acquiesçait*, cela *suffirait* à rendre à cet homme la force qu'il n'*avait* plus ». Le corrigé de cette question de grammaire est disponible dans les ressources pédagogiques dédiées au titre sur le site de la collection : **lesateliersactessud.fr**.

DEVOIRS

Rendre compte de l'évolution des deux héros en réalisant l'activité intitulée « L'Eldorado, un désir à toute épreuve », dans la rubrique « Synthétiser ».

Évaluation

Séance 9
2 à 4 h

SUPPORTS	OBJECTIFS	ACTIVITÉ
– *Eldorado* – « Résonances et rebonds », groupement de textes 1 (« Visions de l'Eldorado ») – « L'atelier de lecture » : « Synthétiser » (« Vers la dissertation »)	– Évaluer la lecture du roman et sa mise en perspective avec d'autres œuvres – S'entraîner à la dissertation	Écriture d'une dissertation

Au titre d'une initiation à la dissertation, ou d'une consolidation des compétences acquises dans cet exercice, cette séance a pour but d'évaluer la lecture du roman et la capacité des élèves à la mettre en perspective avec d'autres œuvres. Elle s'appuie sur le premier sujet de dissertation proposé dans la rubrique « Synthétiser » de « L'atelier de lecture ».

SUJET DE DISSERTATION

Les élèves doivent répondre à la question suivante : Le roman de Laurent Gaudé se donne-t-il pour vocation de démythifier l'utopie de l'Eldorado? Vous répondrez à cette question dans un développement structuré, en prenant appui sur l'œuvre, sur le parcours « Visions de l'Eldorado », ainsi que sur votre culture personnelle.

PISTES DE RÉFLEXION

– Le roman met assurément en scène la démythification de l'utopie de l'Eldorado : le récit de la femme du *Vittoria*, le cynisme des passeurs, le cimetière de Lampedusa (« le cimetière de l'Eldorado »), l'errance de Soleiman dévoilent l'envers de ce rêve. Le personnage de Salvatore, homme de refus, se sent lui-même comme celui qui est chargé de dessiller les yeux de ceux qui rêvent de partir.

– Mais il s'agit aussi pour Laurent Gaudé d'interroger la permanence de ce mythe, la force du désir qu'il suscite, contre l'évidence du réel, et dont témoigne la détermination de Soleiman. L'Eldorado devient le synonyme même du désir d'une vie réinventée, qui suppose une totale dépossession de soi, subie pour le jeune migrant, choisie pour Salvatore Piracci.

– Le plus saisissant réside peut-être dans la conversion opérée par l'ancien commandant, qui aura sur cette route occupé tous les rôles : chargé d'intercepter les migrants, il en devient un lui-même; il refuse d'être un passeur et de céder aux richesses – véritables – du noir et tragique commerce proposé en Libye; mais il se fait personnage de conte pour, en toute lucidité, enfiévrer le désir de cette vie meilleure chez les autres.

Le dessin de presse : vers un regard plus aiguisé sur le monde

Séance 10
1 h

SUPPORTS	OBJECTIFS	ACTIVITÉ
– « Résonances et rebonds » : « Le coin des arts » – Cahier photos	– Comprendre les ressorts à l'œuvre dans un dessin de presse – Élargir sa vision de la question des migrants	Analyse et comparaison de dessins de presse

Cette séance propose une ouverture, sous forme réflexive, vers le champ de l'argumentation. Elle vise à faire mieux comprendre les ressorts du dessin de presse et à permettre aux élèves de situer la question des migrants dans une perspective plus large que celle de la crise aujourd'hui traversée par l'Europe. Elle prend appui sur le cahier photos de l'édition, qui réunit quatre dessins de presse, et sur les questions afférentes dans l'édition, rubrique « Le coin des arts ».

Sur le dessin d'Angel Boligán Corbo, les élèves pourront reconnaître Donald Trump à sa silhouette, à sa longue mèche blonde et peut-être à cette main tendue de façon autoritaire vers son auditoire. Mais c'est le motif de l'arche de Noé, flanquée du drapeau américain, qui structure l'image dans une orgueilleuse verticalité : le dessinateur fait ainsi la satire d'un décret sur l'immigration datant de 2017, qui durcit les conditions d'accueil aux États-Unis ; seuls montent à bord des clones du président américain.
C'est l'occasion de mettre au jour trois repères essentiels pour comprendre un dessin satirique conçu pour la presse écrite. D'une part, tout dessin offre un regard sur l'actualité, en référant à un ou plusieurs événements dont il est contemporain. D'autre part, la reconnaissance des personnages et des situations par le lecteur dépend de la connaissance et de la compréhension qu'il en a au préalable. Enfin, dans le dessin qui relève de la caricature, le rire naît d'un principe d'exagération, qu'illustrent ici le motif démultiplié de la mèche blonde des passagers et le détournement du récit du déluge. Cette satire politique repose sur la rencontre humoristique entre l'actualité et le mythe parodié **[Q1]**.
Par son universalité, le symbole sert donc efficacement le dessin de presse, comme en témoignent aussi le motif de la mère désespérée avec ses enfants, qui suscite la compassion du lecteur de *La Domenica del Corriere*, et l'allégorie qui chez Plantu représente simultanément la détresse et la misère d'un migrant, en figurant de façon tragique l'expression française : « avoir le cul entre deux chaises » **[Q2]**.
L'image extraite du journal *Gringoire* est elle aussi particulièrement intéressante, notamment pour l'étude du travail des visages. Après avoir brièvement situé la guerre d'Espagne, on pourra, en consultant des photographies de la fuite des républicains (la « *retirada* »), mesurer l'écart que la caricature produit avec l'événement. À destination d'un lectorat français,

opposé au Front populaire alors au pouvoir, ce dessin essentialise les exilés, sous des traits patibulaires et stéréotypés, et les assimile à des envahisseurs communistes, dont les sourires et les clins d'œil, bien loin de la réalité historique, disent la satisfaction [Q3].
Comprendre les ressorts à l'œuvre dans ces images, c'est donc se donner une chance de saisir que tout dessin et toute caricature, afin d'être efficaces, présupposent un lecteur informé, capable de comprendre le sens des symboles mobilisés et de rire de l'exagération à l'œuvre. C'est aussi élargir sa vision de la question des migrants, la situer dans la longue durée et en mesurer la portée politique, pour pouvoir poser sur elle, à son tour, un regard autonome et plus aiguisé.

SÉQUENCE RÉDIGÉE PAR PIERRE-GEORGES DANSET

Du même auteur dans Les Ateliers d'*ACTES SUD*

Déjà paru

Avec ce récit polyphonique, Laurent Gaudé donne la parole à des hommes pris dans la tourmente de l'histoire et offre une contribution saisissante au mémorial littéraire de la Grande Guerre.

Séquence pédagogique rédigée par Florence Renner disponible sur **lesateliersactessud.fr**.

Cendrillon

Joël Pommerat

Parution le 18 août 2021

9782330149635 – 5,70 € – 192 p.
Édition avec cahier photos

SÉQUENCE 5

Pourquoi (se) raconte-t-on des histoires ? Théâtre, mensonges et vérités

© D. Balicki

Participez à notre concours sur le texte et échangez avec un membre de la Compagnie de Joël Pommerat (ou un fidèle collaborateur), autour de son œuvre, du théâtre et de la mise en scène. (Plus d'informations sur le site de la collection.)

Ressources en ligne lesateliersactessud.fr

- Extraits de l'édition
- Tableau synoptique de la séquence
- Fiches enseignant (corrigés complémentaires)
- Petite bibliothèque numérique

Trois bonnes raisons d'étudier *Cendrillon* de Joël Pommerat au lycée

Connaître un artiste majeur du théâtre contemporain

Grand Prix du théâtre de l'Académie française pour l'ensemble de son œuvre (2015), Molière de l'auteur francophone vivant (2011, 2016), Joël Pommerat est un auteur phare de la scène actuelle à l'univers esthétique singulier. Pour la première fois paraît une édition pour le lycée d'une de ses œuvres, dotée d'un appareil critique facilitant la découverte d'une forme contemporaine de théâtre. Une captation de qualité, disponible en DVD, donne accès à la représentation, comme le préconisent les programmes de français.

Lire une réécriture personnelle d'un conte familier

C'est le thème du deuil, occulté chez Perrault, qui a poussé Joël Pommerat à écrire une pièce sur la mort, le temps et le désir de vivre. Refusant le cliché de la jeune fille méritante qui épouse le prince, il crée une adolescente actuelle, vive, insolente, que le deuil plonge dans la dépression. Le cheminement intérieur de l'héroïne pour trouver sa place dans le monde en dépassant les mensonges ne peut que toucher des adolescents en plein questionnement sur eux-mêmes. Les lycéens seront aussi sensibles à la parodie qui actualise le conte par le choix d'un langage très contemporain et le détournement de ses motifs traditionnels. Ce palimpseste, qui vient troubler nos souvenirs de l'histoire de Cendrillon, nous engage à la relire autrement.

Découvrir une écriture scénique moderne qui fait appel à notre imagination

Auteur-metteur en scène, Joël Pommerat bouleverse le rapport traditionnel entre texte et représentation. Son écriture naît de la scène, au fil des improvisations, de la présence des acteurs, de leur rapport à l'espace, aux autres, aux mots et au silence. Le texte n'est qu'une trace de la représentation, cet instant étrangement intense qui relie acteurs et public et auquel contribuent les moments de théâtre-récit où une parole au présent s'adresse directement au spectateur et fait appel à son imaginaire.

Charlotte Plat, agrégée de lettres modernes,
titulaire de la certification complémentaire «Théâtre»

Présentation

Pourquoi raconte-t-on des histoires ? Pourquoi se raconte-t-on des histoires ? Voici la double problématique de cette séquence consacrée à *Cendrillon* de Joël Pommerat. La lecture du texte en trois étapes suit la progression de l'œuvre et l'itinéraire de Sandra-Cendrillon : à la suite d'un malentendu lors des derniers instants de sa mère, l'héroïne s'enferme dans le déni, s'obstine à maintenir sa mère constamment vivante dans ses pensées, oubliant de vivre pour elle-même. Plusieurs rencontres l'aideront à affronter la réalité et à cesser de se raconter des histoires.

La séquence alterne activités individuelles / collectives, orales / écrites, et comporte trois explications linéaires et un commentaire de texte. Les séances 1 et 2 précèdent la lecture de la pièce : elles sont consacrées à l'élaboration d'hypothèses de lecture et à la constitution de références permettant de mieux apprécier le palimpseste (par la confrontation de trois versions de « Cendrillon »). La suite de la séquence privilégie une découverte progressive de la pièce, articulée autour des trois parcours de lecture proposés dans l'édition (rubrique « Questionner au fil du texte »). Chacun de ces parcours commence par une « Étude d'ensemble » qui peut constituer un travail préparatoire ramassé pour vérifier la compréhension du texte. Seule la deuxième d'entre elles, dédiée à la déchéance de Sandra, donne lieu à une séance. La séquence propose des activités d'appropriation qui ne sont pas toujours incluses dans la durée des séances : recherches, écritures d'invention, carnet de mise en scène. Pour élargir la réflexion des élèves aux enjeux littéraires et artistiques qui traversent l'écriture de Joël Pommerat, on interrogera le rapport au mensonge et à la vérité, thème inhérent au théâtre, dans deux groupements dont le second propose un gros plan sur l'œuvre de l'auteur (« Se raconter des histoires : mensonge et vérité au théâtre » et « Le jeu de la vérité chez Joël Pommerat »).

Le plus souvent possible, on a envisagé le texte dans son lien au spectacle, en renvoyant à la captation de Florent Trochel (DVD Axe Sud, coproduction Arte/ Théâtre national de Bruxelles, 2012). On pourra choisir de la projeter intégralement ou de consulter seulement quelques extraits (certains sont disponibles sur le site de Théâtre en acte-Éduthèque, accessible aux enseignants et aux élèves en créant un compte classe). Notre édition propose également un cahier photos et des citations longues de l'auteur et de ses collaborateurs (voir la rubrique « Le théâtre et son histoire »).

Mise en œuvre

Entrée dans l'œuvre

Séance 1
2 h[1]

SUPPORTS	OBJECTIFS	ACTIVITÉS
– « Sur le seuil » : BD constituant l'avant-texte de l'édition (p. 8-15) – « L'atelier de lecture » : « Aborder par la BD » (p. 120) – « La fabrique du texte » : « Le théâtre et son histoire » (p. 114)	– Partir des représentations des élèves pour formuler des hypothèses sur la réécriture théâtrale du conte – Situer Joël Pommerat dans une histoire du théâtre	– Mise en commun des représentations des élèves – Analyse des planches de BD – Apport magistral : présentation de Joël Pommerat – Analyse guidée : le théâtre et son histoire

Cette séance place les élèves en situation de lecteurs actifs en s'appuyant sur leur connaissance du conte et du théâtre pour apprécier l'originalité de la réécriture théâtrale.

Les connaissances des élèves sur le conte « Cendrillon » permettent de formuler les éléments attendus de l'histoire. On interroge ensuite leur présence dans la BD de Céline Devaux située au début de l'édition, qui invite à entrer dans la pièce de Joël Pommerat par l'image, en s'appuyant sur les questions du dossier (« Aborder par la BD »). Le noir et le blanc ainsi que la composition graphique soulignent l'évolution de Cendrillon, qui sombre dans le désespoir jusqu'à sa rencontre avec la fée, et le changement de registre, qui délaisse le merveilleux et privilégie une inquiétante étrangeté.

1. Toutes les durées mentionnées sont indicatives.

L'analyse de la BD se conclut par la formulation d'hypothèses concernant la réécriture opérée par Joël Pommerat.
Une brève présentation de l'auteur insiste sur son goût du palimpseste, qui l'incite à adapter des contes populaires en leur empruntant leur recours à l'adresse et à la narration. On évoque sa conception de l'écriture scénique, née par et pour le plateau, qui ne considère pas le texte comme l'élément principal. Un rapide parcours de l'histoire du théâtre permet de mesurer la modernité de cette dramaturgie. Il souligne comment a été remis en cause au XXe siècle l'héritage d'Aristote qui avait institué le primat du texte et banni le récit de la forme théâtrale. Au contraire, Joël Pommerat conçoit un spectacle dont le texte n'est qu'un élément parmi d'autres. La présence du public constitue la narration comme une forme privilégiée de la dramaturgie et de l'adresse au spectateur.

DEVOIRS

À l'issue de la première séance, les élèves lisent les trois versions du conte « Cendrillon » proposées dans le premier groupement de textes de l'édition. Pour la séance 3, ils lisent la première partie de la pièce de Joël Pommerat et, pour la séance 7, la deuxième partie.

Métamorphoses du conte

Séance 2
2 h

SUPPORT	OBJECTIFS	ACTIVITÉ
« Résonances et rebonds » : groupement de textes 1 (« Trois versions de "Cendrillon" », p. 136-149)	– Connaître les motifs du conte – Comprendre les variations du conte – Relier chaque version à son contexte de création	Comparaison de trois versions du conte (début et fin)

Cette séance vise à préciser la connaissance du conte et à constituer des références préalables à la lecture de la version de Joël Pommerat.
Les élèves sont répartis en trois groupes et travaillent par binômes sur une des versions proposées dans le premier groupement de textes de

l'édition (« Résonances et rebonds » : « Trois versions de "Cendrillon" ») en s'appuyant sur les questions qui s'y rapportent. La mise en commun, qui peut être présentée sous forme de tableau comme ci-après, met en valeur les invariants du conte et la spécificité de chaque version. On prévient que la version orale comporte des incohérences.

ÉTUDE COMPARATIVE

	PERRAULT	GRIMM	VERSION ORALE CORSE
1. Événement familial au début du récit	Remariage du père / mort de la mère éludée	Recommandations et mort de la mère. Deuil de la fille / Remariage du père	Départ du père chez sa maîtresse. Meurtre de la mère par la fille, incitée par la maîtresse
2. Caractéristiques des personnages	Réduction à des stéréotypes précisant le statut familial (père / mère / marâtre / maîtresse / fille) mais pas l'identité. Caractères manichéens.		
3. Corvées	Ménage, vaisselle, repassage	Allumer le feu, chercher l'eau, cuisine, lessive	Lessive, tâche des femmes âgées, non d'une enfant de dix ans
4. Surnom	Cucendron / Cendrillon, assise près de la cheminée	Cendrillon dort près du foyer	Surnom traduit en corse : Cinnaredda
5. Intervention de l'adjuvant	La marraine fée (figure maternelle) métamorphose la citrouille en carrosse, les souris en chevaux...	La branche de noisetier plantée sur la tombe de la mère abrite un oiseau (esprit de la mère ?). Des oiseaux merveilleux accomplissent épreuves, métamorphoses...	La mère coupée en deux prend plusieurs formes protectrices : vieille fée qui attribue selon leurs mérites à Cinnaredda une étoile d'or, à la sœur des oreilles d'âne (voir « Les Fées ») / vache qui donne les pommes transformées en coq et soulier

6. Reconnaissance de la vraie fiancée	Perte de la pantoufle en fuyant à minuit. Essai de la pantoufle		
	Reconnaissance de Cendrillon qui produit la seconde pantoufle	Tentatives de substitution des deux sœurs. Mutilation. Dénonciation par les oiseaux et reconnaissance de Cendrillon	Reconnaissance de Cendrillon. Tentative de substitution de la sœur / Cinnaredda est cachée dans la cuve. Dénonciation par le coq et reconnaissance de Cinnaredda
7. Morale(s) proposée(s)	Pas de sanction : Cendrillon pardonne. Deux moralités explicites : – pour plaire, mieux vaut être agréable et docile que belle ; – plus que les qualités personnelles, les relations permettent de réussir	Sanction dans le récit : yeux crevés par les oiseaux	Pas de sanction : Cinnaredda pardonne

En conclusion, on compare les trois versions : un conte merveilleux et élégant écrit pour la cour de Versailles / un conte triste et cruel à la portée moralisatrice / une version orale violente, parfois incohérente. On demande aux élèves de formuler des hypothèses sur la signification du conte au-delà des variantes.

DEVOIRS

Pour le cours suivant, les élèves lisent les scènes 1 et 2 et répondent aux questions de l'étude d'ensemble du premier parcours de lecture proposé par l'édition (« Questionner au fil du texte » : « Le malentendu initial », p. 121-122).

Le prologue

Séance 3
2 h

SUPPORTS	OBJECTIF	ACTIVITÉS
– Scène 1 de la première partie de *Cendrillon* (texte, p. 17, et captation) – « L'atelier de lecture », premier parcours dans l'œuvre (« Le malentendu initial ») : « Explication linéaire » (p. 122-123)	Analyser le pacte de réception et la place de l'imagination	– Questionnaire – Explication linéaire – Analyse de la mise en scène – Lecture chorale

L'explication linéaire du prologue se trouve guidée dans le premier parcours de lecture proposé par l'édition, « Le malentendu initial » (p. 122-123). Elle permet de raviver les connaissances sur l'exposition théâtrale et d'établir d'emblée la dimension originale et spectaculaire de l'écriture de Joël Pommerat : l'adresse constitue l'imaginaire du public en véritable scène théâtrale. Pour prendre conscience de sa dimension scénique, l'analyse de la scène est précédée par son visionnage dans la captation et prolongée par une brève lecture chorale approfondissent cette dimension scénique.

EXPLICATION LINÉAIRE : LE PROLOGUE

Le titre de la pièce, *Cendrillon*, semble promettre au spectateur / lecteur qu'il se trouvera en terrain connu. Il attend donc au début du spectacle un dialogue entre les personnages du conte qui lui sont familiers et les informations escomptées dans l'exposition. Or, Joël Pommerat, sûr de notre connaissance préalable du conte, fait entendre la voix d'une narratrice peu soucieuse d'informer, comme le souligne la composition du passage en trois mouvements : à deux reprises, par la répétition de la périphrase verbale « je vais raconter », la narratrice reporte le début du récit dans un futur proche ; elle s'adresse d'abord au public pour solliciter sa participation, puis procède à une mise en garde, avant d'amorcer l'histoire. Quelles sont donc les fonctions de ce prologue, qui ouvre la pièce sans jouer vraiment le jeu de l'exposition ?

Un prologue étrange, qui fait appel à l'imagination du public

Le recours au récit, qui pourrait surprendre au théâtre, est devenu assez banal dans la dramaturgie contemporaine. Dans *Cendrillon*, la présence d'une narratrice renvoie au genre originel du conte, qu'évoque la formule inaugurale « Je vais vous raconter une histoire d'il y a très longtemps… », équivalent du traditionnel « Il était une fois… ». La formule choisie par Joël Pommerat sollicite l'écoute du public et souligne, à travers le dialogue des pronoms personnels je / vous, l'importance du lien entre la locutrice et son auditoire. L'adresse au présent rassemble en un même lieu, en un même temps, les comédiens et le public, créant les conditions nécessaires à la représentation et à la présence.

Cependant, la périphrase verbale « Je vais vous raconter » repousse le début du récit. Au lieu de commencer l'histoire, la narratrice se présente de manière étrange. Tout d'abord, comme l'indique la didascalie initiale, elle est réduite à une voix et n'apparaît pas physiquement sur scène. Privée de corps, elle ne possède en outre ni identité, ni langue maternelle, ni souvenir. C'est une narratrice sans passé qui « ne [s]e rappelle plus », a « oublié ». Répétitions et hyperboles insistent sur la distance temporelle : « il y a très longtemps », « [t]ellement longtemps », en des pays « tellement lointains », évoquant une vie « tellement longue ». On ne sait pas si l'histoire est racontée longtemps après par l'héroïne « tellement âgée » ou s'il s'agit de la voix immémoriale du conte qui voyage de par le monde à travers différentes langues[1]. Le trouble est renforcé par le paradoxe de cette parole qui affirme qu'elle peut « parler mais uniquement avec des gestes », alors que le spectateur l'entend.

Le lecteur peut se demander ce que l'on voit au théâtre en écoutant la voix *off* de la narratrice. La captation montre combien la sensibilité et l'imaginaire du public sont sollicités. La mise en scène dissocie la vue et l'ouïe et crée une difficulté à suivre ce qui nous paraissait familier : tandis qu'on entend une voix féminine, à l'accent étranger, on voit sur scène un homme qui s'exprime dans un langage étrange, « uniquement avec des gestes ». La captation ne rend pas compte des projections vidéo qui, dans le spectacle, transforment les murs de la boîte scénique en un ciel bleu sur lequel

1. C'est la belle interprétation de Marion Boudier dans Joël Pommerat, *Cendrillon*, Actes Sud, coll. « Babel », p. 122.

s'inscrivent des mots : « histoire », « dire », « imagination ». Les mots, dits et écrits, les gestes sont autant d'appels à l'imagination du public.
La narratrice passe un pacte avec le public, auquel elle s'adresse de nouveau directement à la fin de ce premier mouvement : « Si vous avez assez d'imagination, je sais que vous pourrez m'entendre. Et peut-être même me comprendre. » La proposition subordonnée de condition pose la participation du spectateur comme nécessaire au spectacle. La représentation, comme la lecture, requiert non seulement l'attention mais aussi l'imagination du spectateur / lecteur invité par l'auteur à oublier les images stéréotypées pour ouvrir perception et imaginaire. Une fois posé ce pacte de réception, le premier mouvement se clôt sur une courte phrase au présent qui annonce le début de l'histoire : « Alors je commence. » Mais la valeur performative de cet énoncé est immédiatement remise en cause et le prologue se poursuit.

Un prologue en forme d'avertissement, sur le danger que représentent les mots

En effet, le deuxième mouvement de ce prologue recourt de nouveau à la périphrase verbale « je vais raconter » qui reporte le récit dans le futur. Notre attente est encore déçue, même si le personnage principal de la « très jeune fille » apparaît enfin. L'intrigue est évoquée de manière paradoxale : la narratrice ne commence pas par le début de l'histoire ni ne révèle sa fin (comme dans le prologue d'une tragédie), mais s'attache à ce que la fin n'est pas – les « conséquences » ont « failli » être « catastrophiques ». La polysémie de l'adjectif « catastrophique » annonce à la fois la thématique du danger et le dernier rebondissement de la tragédie : la fin heureuse est programmée.
Si le récit déçoit encore, il introduit cependant l'un des thèmes de la pièce en mettant en garde contre le danger des mauvaises interprétations, associé de manière surprenante à ce qui paraît le plus inoffensif : les « mots ». La simplicité de ce terme, répété sans recherche de synonyme, signale la banalité du langage dont nous oublions les pièges. Or le risque du malentendu ne menace pas seulement l'héroïne : le présent de vérité générale, l'ambiguïté du pronom indéfini « on » qui désigne d'abord la très jeune fille avant d'adopter un sens plus général, la répétition des pluriels, accentuent la portée universelle de cette réflexion didactique qui englobe le récepteur. Une maxime résume cette mise en garde : « C'est pas si simple de parler

et pas si simple d'écouter. » Le parallélisme et l'omission familière de la négation « ne » (jusqu'alors exprimée) renforcent son efficacité. Le problème de l'interprétation dépasse la polysémie des mots pour engager aussi bien la parole des personnages et de l'auteur que l'écoute du spectateur. Cet avertissement liminaire présente donc comme potentiellement inquiétant ce qui rassurait par son aspect familier : la simplicité apparente des mots, les histoires enfantines que l'on raconte depuis toujours.

Un prologue qui amorce l'histoire

Une fois le spectateur prévenu, l'histoire peut commencer. Au théâtre, l'homme qui signe devant le ciel bleu s'efface. Dans la pénombre apparaissent le lit de la mère malade et la très jeune fille, tandis que la narratrice raconte leur histoire. Les marqueurs du conte sont aisément repérables dans le récit de la narratrice : l'imparfait situe l'histoire dans le passé sans préciser davantage le cadre spatio-temporel. Les personnages de la mère et de la très jeune fille ne sont pas nommés, mais correspondent à des archétypes universels désignés par leur statut dans la famille. On souligne seulement une particularité de l'héroïne, son imagination. La simplicité du vocabulaire et les répétitions rappellent l'oralité du conte destiné « aux enfants ». Par son insistance sur la voix faible de la mère, le prologue amorce la scène du malentendu entre la très jeune fille et sa mère : le récit s'efface pour laisser place au dialogue des personnages.

Conclusion

Ce prologue crée les conditions nécessaires à la représentation d'une histoire : il sollicite l'attention, mais aussi la participation du spectateur / lecteur, amené à oublier l'imaginaire familier du conte pour se laisser séduire par une réécriture dont les enjeux surprennent : *Cendrillon* raconte le deuil, les pièges de l'imagination et des mots. À partir d'une trame familière, celle du conte que tout le monde connaît, le prologue brouille nos repères et ouvre notre imaginaire. Le trouble généré par cette première scène est justement une porte d'entrée dans l'univers complexe de Joël Pommerat.

LECTURE CHORALE

On conclut la séance par une lecture chorale du début du texte jusqu'à « Alors je commence ». On distribue à une quinzaine d'élèves des phrases courtes ou des morceaux de phrases dont ils sont responsables. La consigne n'est pas de jouer le texte, mais de l'adresser à un auditoire imaginaire, dans une forme d'urgence, comme si le chœur des élèves représentait la voix du conte qui raconte depuis toujours et ne doit pas se taire. Il faut donc aller jusqu'au bout du texte, malgré les accidents. On peut orchestrer des effets choraux, des rendez-vous sur des phrases courtes que toute la classe répète ensemble, comme la première ou la dernière phrase.

PROJET THÉÂTRAL

À l'issue de cette séance, on propose un projet théâtral à mener en groupes en s'appuyant sur « L'atelier théâtre » de l'édition (p. 181 et suivantes). Il vise à faire expérimenter par les élèves la double dimension littéraire et spectaculaire du texte théâtral : si l'œuvre dramatique en appelle à l'imaginaire du lecteur, elle prend toute sa signification sur scène. Réfléchir à la représentation permet de s'interroger sur le passage de l'écrit à l'oral, de la partition à l'interprétation, de questionner les différents langages de la scène, verbaux et non verbaux. On pourra relier ce travail à l'étude du prologue, en montrant que l'association de ces langages peut mettre en valeur des effets de décalage ou d'accord.
On présente deux activités au choix des groupes :
– la pratique du jeu dramatique approfondit une scène choisie parmi une sélection de scènes qui seront peu étudiées dans la séquence, dont les enjeux proches des adolescents facilitent une interprétation juste ;
– une approche plus théorique réfléchit à la mise en scène d'un extrait à travers un projet argumenté recourant aux différentes composantes du langage scénique et à des croquis.
Les élèves disposent de deux semaines pour préparer ce travail évalué en fin de séquence.

DEVOIRS

Pour le cours suivant, les élèves préparent les questions 1 à 4 guidant le commentaire de la scène 2 dans le dossier de l'édition (p. 123).

Malentendu

Séance 4
2 h

SUPPORTS	OBJECTIFS	ACTIVITÉS
– Scène 2 de la première partie de *Cendrillon* (texte, p. 18-19, et captation) – « L'atelier de lecture », premier parcours dans l'œuvre (« Le malentendu initial ») : « Commentaire de texte » (p. 123-124)	– Identifier les enjeux de l'exposition – Identifier le point de départ du palimpseste : le thème du deuil – Comprendre le malentendu originel et les enjeux liés au thème de l'imagination	– Commentaire composé – Analyse de la mise en scène – Écriture : rédaction d'un axe de commentaire

Cette séance a pour but de clarifier l'origine du malentendu et l'interprétation erronée de Sandra. Elle s'appuie sur le visionnage de l'extrait (grâce au DVD du spectacle ou à « Théâtre en acte », qui le met à disposition) et donne lieu à un commentaire de texte. Celui-ci est réalisé collectivement. Il est guidé par le questionnaire se trouvant dans le premier parcours de lecture proposé par l'édition, « Le malentendu initial » (p. 123-124). Puis il donne lieu à un travail d'écriture individuel.

COMMENTAIRE DE TEXTE : LA SCÈNE DU MALENTENDU

Après le prologue qui pose le pacte de réception du spectacle par un public encouragé à ouvrir perception et imaginaire, la deuxième scène tient lieu d'exposition. Le conte débute cruellement par une fin, celle de la mère, qui plonge l'héroïne dans le « très grand malheur » annoncé juste auparavant. La composition de la scène utilise la répétition et l'amplification : les trois vaines tentatives de la mère pour annoncer à son enfant sa mort prochaine provoquent la promesse funeste de la très jeune fille de ne pas la laisser mourir. L'héroïne interprète les événements à sa manière, en contradiction avec les paroles de la mère et le récit de la narratrice. Cette scène où plusieurs voix se mêlent et se contredisent pose le problème de l'interprétation des mots et des dangers de l'imagination, thème majeur de la pièce [Q1].

I. Cela commence comme un conte

A. Le rôle de la narratrice. La présence de la voix de la narratrice dont le corps n'apparaît pas rappelle l'origine orale du conte auquel elle emprunte la formule introductive « un jour ». Narratrice extérieure à l'histoire, sans interaction avec les personnages, elle prend en charge le récit au passé en reliant différents moments fragmentaires de l'histoire. Elle ajoute une épaisseur temporelle par l'usage des temps du passé : l'imparfait itératif souligne la durée de la maladie, le passé simple signale la brutalité de la mort **[Q2]**.

B. Des personnages archétypiques. Les personnages correspondent aux archétypes du conte : la très jeune fille, la mère, le père ne sont pas nommés mais désignés par leur fonction dans la famille et caractérisés par un seul trait : la faiblesse de la mère alitée à la voix inaudible, l'effacement du père qui ne parle pas, l'imagination galopante de la très jeune fille. La jeunesse de l'héroïne, soulignée par l'intensif « très », suggère qu'elle est trop jeune pour vivre l'épreuve de la mort de la mère **[Q3]**.

C. Un motif emblématique. Le motif de la mort de la mère, éludé par Perrault, est un invariant dans toutes les versions orales du conte. La scène d'adieu dans la chambre de la mourante se réfère directement au traitement de ce motif chez les frères Grimm : la mère recommande à sa fille d'être toujours « bonne et pieuse » avant d'expirer. Le « blanc linceul » de la neige qui recouvre la tombe dans cette version trouve au théâtre un équivalent dans l'image de la blancheur funèbre (les grands draps blancs du lit, la mère et la fille tout de blanc vêtues) contrastant avec l'obscurité du plateau **[Q4]**.
Mais le thème du malentendu inventé par Pommerat transforme l'histoire.

II. Multiplicité des points de vue et malentendu

A. L'accès aux pensées cachées de la très jeune fille. L'alternance, originale au théâtre, de dialogue et de récit évite l'univocité du conte. La voix de la narratrice décrypte les réactions et les paroles de la très jeune fille, donnant accès à ses pensées secrètes, comme le lecteur d'un roman accède aux pensées des personnages. La narratrice insiste sur l'incapacité de la jeune fille à affronter cette situation traumatisante malgré ses efforts : elle « se sentait obligée de faire comme si elle avait très bien compris » **[Q5]**.
La dernière réplique de la narratrice attribue plusieurs causes au malentendu qui va devenir le moteur de l'action : l'incapacité à comprendre de

la très jeune fille, son imagination qui « lui jouait des tours », le caractère inaudible des derniers mots de la mère.

B. Des paroles inaudibles ou incompréhensibles. L'ambiguïté du dialogue est soulignée dans la dernière réplique de la narratrice : « cette histoire n'aurait pas été la même si la très jeune fille avait entendu parfaitement ce que sa mère lui avait dit ». La polysémie du verbe « entendre », qui évoque audition et compréhension, structure les différents mouvements de la scène. Dans un premier échange, les paroles de la mère, omises dans le texte, sont inaudibles sur scène et donc « incompréhensibles » pour la très jeune fille, qui s'exclame : « J'entends pas… ! Quoi ? » Dans un deuxième échange, les paroles de la mère sont transcrites dans le texte, clarifiées par un surtitrage sur scène. Mais la mère, après avoir annoncé sa mort de manière directe (« je vais bientôt mourir »), répète des euphémismes (« je vais m'en aller ») qui brouillent le sens. C'est un dialogue de sourds. Dans un troisième échange, la très jeune fille prétend répéter les derniers mots (inaudibles et non transcrits) de la mère. Mais elle les invente et attribue à la mère l'exigence d'une promesse néfaste : « quand je ne serai plus là, il ne faudra jamais que tu cesses de penser à moi » **[Q6]**.

C. Un spectateur témoin du malentendu. Le rôle du spectateur est particulièrement important dans cette scène, puisqu'il décrypte le malentendu. La double énonciation théâtrale le constitue en destinataire ultime des répliques de la mère, dont il rectifie la signification avec l'aide du surtitrage. Dans le prologue, la narratrice avait fait appel à son « imagination » pour « entendre » et « comprendre ». Omnisciente, elle connaît déjà la fin du conte, comme l'indique l'usage du futur dans la dernière phrase de la scène : « Mais vous le verrez, pour les histoires, les erreurs ne sont pas toujours inintéressantes ». L'emploi du verbe « voir » prend ici tout son sens. Il souligne la dimension spectaculaire du conte et annonce la visée didactique du propos de Joël Pommerat : montrer, sans juger. Le spectateur est ce témoin à qui il est demandé de recevoir une autre version, contemporaine, de *Cendrillon* **[Q7]**.

III. Une réécriture contemporaine et complexe du conte

A. Un personnage actuel. Joël Pommerat donne du conte une version proche de nous en l'actualisant. Le cadre temporel est flou et la narratrice raconte au passé, mais les dialogues ancrent l'histoire dans notre époque. La très jeune fille s'exprime comme une adolescente d'aujourd'hui avec familiarité : « Ça fait des semaines que t'es couchée ! Tu dois en avoir marre, non ? » demande-t-elle à sa mère sans lui témoigner de déférence. L'oralité, soulignée par la diction de la comédienne Déborah Rouach, est inscrite dans le texte : dans la phrase « t'as tout le temps envie de dormir, c'est ça que tu dis ? », les pronoms « tu » et « cela » sont tronqués. Cette langue familière donne à la très jeune fille une énergie naïvement brutale qui l'éloigne du cliché de la gentille Cendrillon. Au contraire, c'est une jeune fille normale, vraisemblable, dans laquelle le spectateur peut se projeter ou reconnaître une adolescente actuelle. Sa spontanéité étonne ou fait sourire **[Q8]**.

B. Un mélange de tonalités. Même si la scène s'intéresse à une situation tragique – les derniers mots de la mère –, l'humour n'est pas absent. Joël Pommerat revendique ce mélange de gravité et de dérision qui permet de ne pas sombrer dans le *pathos* et de conserver une distance pudique. Certes, la douleur de la jeune fille, dont didascalie et narratrice répètent qu'elle était « très émue », ne laisse pas indifférent. Sa souffrance est particulièrement sensible lorsque le père l'arrache au lit de la mourante sans prononcer un mot : la promesse qu'elle fait à la mère de ne pas l'oublier s'étend dans une longue et poignante réplique, dont les redites semblent constituer l'ultime lien à la mère. Cette prise de parole véhémente traduit son isolement, aucun adulte ne lui répondant. Au théâtre, on voit, de loin, la très jeune fille résister physiquement pour rester auprès de sa mère et on l'entend encore lui parler alors que l'obscurité de la boîte noire l'a absorbée. Mais la reprise du récit par la narratrice rompt le pathétique de la scène. De même, les tentatives vaines de la mère pour parler à son enfant touchent le spectateur, mais le pathétique est désamorcé par l'interprétation surprenante de la très jeune fille, dont les paroles semblent obéir à des jeux sémantiques et sonores (« dormir » / « mourir » ; « m'en aller » / « fatiguée » ; « pour toujours » / « dors le jour »). Le spectateur hésite entre le sourire et la compassion, tant les paroles de la très jeune fille manifestent une forme de déni **[Q9]**.

C. Un pacte masochiste. Dans cette scène, quand la situation devient intolérable, on voit la très jeune fille mettre en place une stratégie masochiste lui permettant de surmonter la douleur et la culpabilité. Elle imagine un pacte qui assure à la mère une vie fantasmatique : « Maman, je te promets que

je penserai à toi chaque instant. J'ai très bien compris que c'est grâce à ça que tu ne mourras pas en vrai et que tu resteras en vie dans un endroit secret invisible tenu par des oiseaux. » Le motif des oiseaux, emprunté au conte des frères Grimm, souligne le caractère enfantin de ce pacte, qui n'en est pas moins mortifère. La valeur performative de l'engagement provoque le maléfice : si la mort de la mère est niée, la vie devient impossible pour la très jeune fille, entièrement accaparée par la pensée de la morte. Mais c'est une version moderne, psychanalytique, d'un sort intériorisé par la très jeune fille : elle inverse les rôles, transforme sa peur de perdre sa mère en la peur de l'abandonner à la mort, et se condamne elle-même à ne pas vivre [Q10].
Cette scène d'exposition engage l'action de la pièce par un pacte mensonger dont la première partie de la pièce va présenter les conséquences néfastes, comme une longue descente en enfer.

La fin de la séance est consacrée à la rédaction individuelle d'un axe du commentaire.

DEVOIRS

Pour le cours suivant, les élèves préparent l'étude d'ensemble du deuxième parcours de lecture proposé dans le dossier de l'édition (« Questionner au fil du texte » : « Déni et enfermement » (p. 125-126).

Déni et enfermement

Séance 5
1 h

SUPPORTS	OBJECTIFS	ACTIVITÉS
– Scènes 3 à 13 de la première partie de *Cendrillon* (texte, p. 20-53) – « L'atelier de lecture », deuxième parcours dans l'œuvre (« Déni et enfermement ») : « Étude d'ensemble » (p. 125-126), et « Tisser des liens personnels avec le texte : la maison de verre » (p. 128)	– Analyser le parcours de Sandra – Comprendre le lien entre espace et personnage	– Impressions de lecture et analyse – Mise en voix des scènes 6 et 13

Cette séance éclaire les enjeux de la première partie et pose le problème du deuil pathologique qu'il est nécessaire d'expliciter.
La réflexion orale sur la symbolique de la chambre de Sandra fournit une hypothèse de lecture que vérifient les analyses au fil du texte : Sandra n'a plus envie de vivre. Au cours du questionnement, mené collectivement à l'aide du questionnaire se trouvant dans le deuxième parcours de lecture proposé par l'édition (« Déni et enfermement » : « Étude d'ensemble », p. 125-126), on met en voix les scènes 6 et 13, qui présentent l'installation de Sandra dans la chambre-tombeau et l'intervention bénéfique de la fée.

La scène du malentendu constitue le traumatisme initial qui entraîne l'héroïne dans une forme de dépression rendant impossible le « travail de deuil ». Confronté à la disparition d'un objet aimé, le sujet entreprend un long et douloureux cheminement psychologique menant du refus à l'acceptation. Dans le cas du « deuil pathologique », ce travail sur soi ne s'accomplit pas et la perte de l'autre devient perte de soi.

ÉTUDE D'ENSEMBLE DES SCÈNES 1 À 13 DE LA PREMIÈRE PARTIE

Un deuil difficile pour l'héroïne

Le souvenir obsédant de la mère explique le désintérêt de Sandra pour sa nouvelle famille. Elle rappelle obstinément le souvenir de la défunte, montrant l'album de photographies (I, 5 et 10). Elle réclame pour dormir « le corps [de sa mère] avec la robe du mercredi dessus » : il s'agit d'un mannequin de couture, objet de substitution qui personnifie la mère disparue et nie sa mort (I, 6) **[Q1]**.
L'angoisse que Sandra ressent devant l'absence de la mère se transforme en peur d'abandonner sa mère en l'oubliant. Cette responsabilité est matérialisée par le sac à dos dont elle refuse de se séparer et par la « grosse montre » qui joue régulièrement l'air « Ah vous dirai-je Maman » (I, 5). Son désir vain de dominer le temps et la mort suscite des cauchemars, figurés par des images projetées sur les murs de la scène (I, 7). Pour avoir oublié de changer la pile de la montre et de penser à sa mère, elle se condamne elle-même dans un désir masochiste de souffrance : « Elle aurait aimé que quelqu'un puisse la punir et qu'elle souffre atrocement. Mais quelle

punition serait à la hauteur du crime qu'elle avait peut-être commis cette nuit-là ? » (I, 9) [Q2].

L'autodépréciation et l'autoavilissement traduisent son sentiment de culpabilité. Sandra perd toute estime de soi, refuse qu'on la présente comme gentille (I, 10), accepte une chambre affreuse à la cave – « *C'est moche, ça me correspond* » (I, 13) –, un surnom dégradant, « Cendrier » (I, 11), la charge des tâches les plus rebutantes : poubelles, dégraissage de la cuisine, ramassage des oiseaux morts, nettoyage des sanitaires (I, 10). Cet avilissement se manifeste aussi physiquement : elle est voûtée, sale, sent mauvais, se gratte comme si elle avait des poux (I, 11), oublie de manger et maigrit (I, 13) [Q3].

L'installation de Sandra dans l'enfermement et le silence

Gardienne des cendres de la mère défunte, Sandra semble vouée à la mort. Dans la maison en verre, elle habite une pièce aveugle avec quatre murs, à la cave. C'est un caveau où elle veut disposer du « corps » de sa mère (I, 6) [Q4]. Victime volontaire et masochiste, Sandra réclame le corset orthopédique qui emprisonne son corps « de la taille au menton », la serre, et la gêne pour marcher. La parole de Sandra est également contenue : alors qu'elle était apparue volubile et insolente au début de la pièce, elle « accept[e] tout sans jamais discuter », marmonne (I, 11), s'isole. Au théâtre, elle devient une silhouette mécanique, crispée, enfermée dans le mutisme et la dépression [Q5].

Le réveil de Sandra

Les autres personnages tentent, avec plus ou moins de bienveillance, de tirer Sandra de cet état mortifère. Le père tolère son « délire de gosse » (I, 6), s'il n'entrave pas ses propres projets de vie nouvelle : « je ne peux pas vivre dans le passé toute ma vie. Je suis encore jeune [...], j'ai envie de refaire ma vie » (I, 10). Ni la cruauté des sœurs, qui simulent un appel téléphonique de la mère morte, ni le discours méprisant de la belle-mère, qui souligne son inertie et l'encourage à « arrêter les rêvasseries » pour « entrer dans la vie réelle », ne semblent avoir d'effet sur Sandra, qui sombre de plus en plus dans la dépression (I, 11) [Q6].

Dans la dernière scène de la première partie apparaît un nouveau personnage que le public, plongé dans l'univers noir et réaliste de Joël Pommerat, n'attendait plus. Mais cette fée catastrophe ne correspond pas à la représentation qu'on a de la marraine de Cendrillon : elle fait irruption de manière fracassante en renversant l'armoire de la chambre de Sandra, fait s'écrouler le lit lorsqu'elle s'allonge dessus, rate les tours de cartes. Sa maladresse oblige Sandra à l'aider. En outre, c'est une « femme à l'allure plutôt négligée », qui fume sans cesse, emploie un langage familier, voire grossier. Joël Pommerat propose une réécriture modernisée et parodique de la fée **[Q7]**.

Jouée par la comédienne qui incarne aussi la mère, la fée propose un contre-modèle féminin revendiquant des imperfections, à l'opposé de la posture maîtrisée de la belle-mère : elle ne se soucie pas de son apparence, s'allonge pour se reposer au lieu de se montrer combative. Dans une variation ironique sur la tirade de la belle-mère (I, 11), Sandra l'interroge sur son âge qu'elle ne dissimule ni ne semble avoir : 874 ans. La disparité entre être et apparence ne révèle plus des illusions, mais s'explique par le « statut de fée ». Du fait de son immortalité, la fée représente un autre rapport au temps et à la mort. Si la jeunesse est précieuse, vivre éternellement n'est pas souhaitable. Au contraire, c'est sa brièveté qui donne du prix à l'existence. La fée affirme une autre conception de la vie, faite de plaisirs intenses et fugaces, à l'image de « la fumée de sa cigarette [qu'elle souffle] avec volupté ». À l'opposé des personnages moralisateurs de Perrault et de Grimm, qui prônent le sens du devoir, la bonté, la piété, elle recommande seulement de profiter des choses « géniales » qu'offre la vie : « les mecs, l'amour » **[Q8]**.

La fée dit avoir renoncé à ses pouvoirs surnaturels : elle se veut magicienne, à l'instar des « vrais magiciens... qui font des trucs faux » et vante le plaisir de réussir un tour qui comporte un risque d'échec, comme dans la vie humaine. Ce jeu sur l'artifice se réfère aussi au plaisir du théâtre : dans le spectacle de Joël Pommerat, la magie spectaculaire remplace le merveilleux du conte. Si elle n'utilise pas le surnaturel, la fée possède cependant le pouvoir maïeutique de redonner vie à Sandra. Son intrusion dans la chambre-refuge de la jeune fille force Sandra à dialoguer. La fée ne se laisse pas démonter par les rebuffades, écoute, pose des questions, donne son avis et parle d'elle-même. Sandra est obligée de prendre en compte l'autre, de confier ce qui l'obsède dans un aveu qui déclenche le retour de l'émotion : elle pleure, se met en colère, crie d'excitation. Distraite par « la visite » et les tours de magie, occupée à aider la fée maladroite, elle oublie de penser à sa mère, ce dont elle s'aperçoit soudain : « Mais qu'est-ce que je suis en train de faire là moi avec vous ! [...] Allez, on se lève, c'est fini la psychanalyse, on rentre à la maison. Je dois me reconcentrer moi. » La mention de la psychanalyse se réfère à la position de la fée qui, étendue sur le lit, raconte sa vie. Mais on peut y voir la conclusion de la première partie et de la longue spirale dépressive dont le spectacle nous rend témoins. L'intervention de la fée amorce la seconde partie de la pièce, qui emprunte la trajectoire du conte pour nous montrer comment les personnages s'en sortiront [Q9].

TISSER DES LIENS PERSONNELS AVEC LE TEXTE : LA MAISON EN VERRE

La réflexion sur l'espace de la maison en verre, traité cette fois-ci de manière satirique, en écho à *Mon oncle* de Tati (voir « Tisser des liens personnels avec le texte », p. 128), fait la transition avec l'analyse de la tirade de la belle-mère (séance 6).

DEVOIRS

Pour le cours suivant, les élèves préparent l'explication linéaire : questions 1 et 2 du travail préparatoire et questions 1, 2 et 5 de l'étayage.

Le discours de la belle-mère

Séance 6
1 h

SUPPORTS	OBJECTIFS	ACTIVITÉS
– Scène 11 de la première partie de *Cendrillon* (l. 72-100, p. 42-43) – « L'atelier de lecture », deuxième parcours dans l'œuvre (« Déni et enfermement ») : explication linéaire (p. 126-127)	– Analyser le discours de la belle-mère et identifier ses rêves illusoires – Repérer la satire de notre époque	– Explication linéaire – Lecture expressive

Cette séance interroge la problématique de la séquence à travers le personnage de la belle-mère. L'explication linéaire est menée collectivement après une mise en voix du texte. Elle est guidée dans le deuxième parcours de lecture proposé par l'édition, « Le malentendu initial », rubrique « Explication linéaire » (p. 126-127).

La « juste répartition » des tâches ménagères entre les trois jeunes filles de la maison (I, 10) donne lieu à une scène très violente : chaque réplique de Sandra, qui évoque imprudemment sa mère, lui vaut l'attribution d'une tâche plus pénible et contribue à la fureur de la belle-mère : « On ne parle plus de ta mère ici [...] ! Plus jamais ! On s'en fout de ta mère ! [...] Ça suffit ! » L'acharnement vengeur de la belle-mère réduit Sandra au silence, comme le souligne la narratrice au début de la scène 11 : « La très jeune fille acceptait tout ce qu'on lui disait de faire [...] sans jamais discuter. » Ainsi, elle reçoit sans broncher le surnom insultant « Cendrier », suggéré aux sœurs par l'odeur nauséabonde qu'elle dégage[1]. L'entrée inopinée de la belle-mère provoque une nouvelle confrontation durant laquelle celle-ci monopolise la parole face à sa belle-fille muette. La tirade se compose de deux mouvements : la belle-mère décrit l'apparence inerte et négligée de Sandra, en opposition à l'image jeune et énergique qu'elle-même revendique. Mais le miroir de la belle-mère trahit ses contradictions : en apparence pragmatique, elle y révèle des rêves illusoires, dans un discours absurde qui tend aussi un miroir satirique à notre société.

Un miroir sans indulgence tendu à la très jeune fille par cruauté ou sollicitude ?

Dans le début de cette tirade, la belle-mère interpelle Sandra et trace d'elle un portrait peu flatteur mais lucide, destiné à faire réagir sa belle-fille, qui ne répond pas. La belle-mère poursuit son entreprise, habituée à être écoutée ; au-delà du comique de la situation se manifeste peut-être un souci sincère de la jeune fille. Le discours semble provoqué par le hasard de la rencontre, comme le montrent les seules véritables questions qui expliquent la venue de la belle-mère : elle cherchait le père. Pour favoriser la connivence avec l'adolescente, l'impromptu est prononcé dans une forme plus relâchée que le discours de la répartition des tâches. Ainsi la première exclamative constitue-t-elle une réaction de surprise dont la familiarité donne le ton assez grossier de la tirade, qui multipliera élisions (« T'es », « T'as »), lexique familier (« mémé », « un truc »), répétitions

1. Le sobriquet renvoie aussi au deuil et peut-être au rôle traditionnel de lavandière réservé aux femmes âgées, comme le suggère son invention dans la buanderie (voir « La réserve de textes »).

(« On dirait », « T'as vu comment / comme »), syntaxe relâchée (« il est pas là ? »), modalité exclamative envahissante.
La belle-mère affirme sa supériorité par l'alternance rapide de questions rhétoriques et d'exclamatives, qui interpellent Sandra, la réprimandent, l'incitent à réagir. Objet passif d'observation et de réprobation, Sandra est rabaissée par l'emploi du pronom neutre « ça », du qualificatif péjoratif « inerte » et la comparaison familière avec un « poisson crevé ». Dans le spectacle, la passivité de Sandra contraste avec l'énergie déployée par la belle-mère. La première série de reproches critique les « rêvasseries », dont le caractère vain est souligné par le suffixe dépréciatif, et lui oppose « la vie réelle » et le présent. Une autre salve critique la posture voûtée qui vieillit Sandra, en répétant l'adverbe de négation « pas » et attribuant un âge hyperbolique à Sandra. Ce discours se rattache au thème de l'apparence et de la jeunesse sur lequel on a entendu la belle-mère s'exprimer dès la scène 4. Son intérêt pour le sujet se traduit par la multiplication de la modalité exclamative et le recours à quatre injonctions à se tenir droite. La dernière – « Mets de l'énergie en toi ! » – plagie ironiquement les discours de maîtrise de soi de notre société. Devant l'échec de la motivation intérieure, la belle-mère pragmatique envisage immédiatement pour le « bien » de Sandra une autre solution, extérieure cette fois : le corset orthopédique qui emprisonnera la très jeune fille dès la scène suivante[1].

Autopromotion vaine de la belle-mère comme modèle féminin

Le deuxième mouvement dans lequel la belle-mère fait son propre éloge s'articule comme le positif du portrait négatif de Sandra. Une réflexion générale au présent gnomique sur la « femme moderne » cherche à créer une connivence avec Sandra qu'elle interpelle en l'inscrivant dans la lignée des femmes. Mais cette méditation semble un écho de slogans publicitaires. Scandée par la répétition de l'expression « une femme », la réflexion déconcerte par sa vanité, puisque c'est l'apparence jeune et soignée qui est valorisée à travers des clichés actuels : « prendre soin de son image », « avance[r] dans la vie ». La belle-mère réduit l'être à son apparence.

1. La costumière Isabelle Deffin a d'abord proposé un corset qui entravait réellement le corps de la comédienne Déborah Rouach. Celle-ci a demandé un costume plus souple et proposé d'intérioriser la contrainte, de jouer la posture corsetée.

Le cas général est illustré par un « exemple » également inattendu : la belle-mère se propose comme modèle féminin – substitut maternel? – à la très jeune fille. Elle inverse la relation établie dans un premier temps en ordonnant à Sandra : « Regarde-moi » et en la constituant en public, malgré son silence obstiné. Désormais à la fois sujet et objet du discours, la belle-mère rejoue seule le dialogue déjà raconté aux sœurs dans la scène 4, en faisant deviner son âge par Sandra. Le comique de répétition opère, d'autant que, dans le spectacle, l'apparence de la belle-mère dément sa prétention à la jeunesse. Celle-ci peut évoquer la marâtre de *Blanche-Neige* qui répète avec la même inquiétude narcissique sa question au miroir. Sandra ne manifeste pas l'enthousiasme obligé des sœurs, miroir docile dans la scène 4. Dans le spectacle, l'actrice répond de manière presque inaudible : soixante-trois ans, mais la réponse, inappropriée, n'est pas perçue ou balayée.
La belle-mère entonne une profession de foi narcissique qui défie le temps et l'âge. À la première personne du singulier, usant d'affirmations et d'exclamations, son volontarisme passe par des verbes d'action : « Hé bien moi je me tiens ! [...] Je me bats ! » Le recours exclusif au monosyllabe transforme ces phrases en slogans martelés qui dessinent une caricature de la battante, soulignée par la véhémence de l'anaphore « Je refuse ». Le champ lexical de l'âge domine son discours, trahit son obsession. Comme une actrice qui joue tous les soirs devant le public, elle reprend un discours récurrent, qui revient dans la suite de la scène, quand la belle-mère demande à ses filles qui fait le plus jeune, d'elle ou de Sandra : « C'est pour ça qu'on me dit que je ne fais pas mon âge ! Et que mes filles pourraient être mes sœurs ! »
Le discours de la belle-mère se caractérise par la confusion et l'absurdité : elle confond les générations, n'accepte pas le décalage entre le sentiment intérieur de jeunesse et le vieillissement du corps, prend ses désirs pour la réalité. Joël Pommerat décrit ce personnage comme captif de la pensée dominante, des nouveaux fantasmes[1] : « être dans l'action », « rester jeune dans sa tête ». C'est ce qui apparaît dans la définition qu'elle donne d'elle-même en montrant sa tête : « Je suis jeune d'abord là ! » La gestuelle et la répétition de l'adverbe « là » soulignent ironiquement l'absurdité de

1. Émission de Kathleen Évin, *L'Humeur vagabonde*, du 19 décembre 2011, sur France Inter.

la « posture », que la belle-mère explicite par une croyance naïve en la force de la volonté qui « transpire à l'extérieur » du corps et devient apparence visible, niant la réalité[1].

Pas plus que Sandra, la belle-mère n'accepte le passage du temps. Elle parle sans cesse de la réalité, mais croit aux contes actuels de l'éternelle jeunesse (elle cédera un peu plus tard aux sirènes de la chirurgie esthétique), comme aux contes de fées et au prince charmant. Sa naïveté causera sa perte dans la suite de l'intrigue. On ne sait ce que pense de ce discours ridicule et tragique sa première destinataire, Sandra. En revanche, le spectacle ne peut que réjouir le public, le troubler et le renvoyer à ses propres illusions.

DEVOIRS

Pour le cours suivant, les élèves lisent la fin de la pièce et préparent l'étude d'ensemble du troisième parcours de lecture (« Questionner au fil du texte » : « Renaissance de Sandra », p. 129-130), qui est ramassée. Son corrigé est fourni dans les ressources pédagogiques dédiées au titre sur le site de la collection : **lesateliersactessud.fr**.

La magie du théâtre

Séance 7
1 h

SUPPORTS	OBJECTIFS	ACTIVITÉS
– Scène 4 de la deuxième partie de *Cendrillon* (texte, l. 22-148, p. 62-66, et captation) – « L'atelier de lecture », troisième parcours dans l'œuvre (« La renaissance de Sandra ») : analyse de la captation (p. 130) – « La fabrique du texte » : « Fortune du conte sur la scène française » (p. 112-113)	– Analyser le traitement scénique du merveilleux – Comprendre les références métathéâtrales	– Repérage individuel des éléments merveilleux – Analyse collective de la mise en scène

1. Les injonctions de la belle-mère résonnent aussi en référence au jeu de l'acteur et à son énergie.

Cette séance analyse la transposition théâtrale du merveilleux en visionnant un extrait de la captation, à l'aide du DVD du spectacle (de 00:46:57 à 00:52:14).

Après un temps de repérage individuel dans le texte des éléments merveilleux de la scène, la séance met en commun les solutions scéniques imaginées par les élèves et évoque les mises en scène marquantes du conte répertoriées dans l'édition (« Fortune du conte sur la scène française », p. 112-113). Puis le visionnage et l'analyse de la mise en scène sont menés collectivement. Il est conseillé de projeter une première fois la scène dans son intégralité avant de visionner chaque partie séparément au cours de l'analyse. On avertit les élèves que l'usage des plans rapprochés relève de la captation.

ANALYSE DE LA MISE EN SCÈNE : LA MAGIE DU THÉÂTRE

Le merveilleux intervient dans deux registres différents : la démonstration gratuite des « vrais pouvoirs » de la fée, défiée par Sandra en début de scène ; la métamorphose de Cendrillon, « clou » traditionnel du spectacle, qui est traitée de manière parodique en utilisant des trucages empruntés aux spectacles de magie **[Q1]**.

La puissance terrible de la fée qui déclenche une « tempête » est démontrée par différents moyens scéniques : la scène est plongée dans le noir ; des sons effrayants résonnent, créent des impacts, ponctués par les cris de Sandra. Le créateur de son François Leymarie explique qu'il déstabilise le spectateur en utilisant des strates sonores peu identifiables et des enceintes proches du public qui accentuent l'effet physique. Puis des flashs stroboscopiques et d'inquiétantes projections aux tons sombres et froids rayent la pénombre d'éclairs : la chambre a disparu, Sandra, recroquevillée par terre, se bouche les oreilles et hurle : « Arrêtez ! » Le brusque retour au calme accroît la force de la démonstration : le fracas s'arrête soudain, le visage de la fée apparaît dans la lumière chaude du briquet, tandis qu'elle allume sa cigarette avec désinvolture. La scène reste plongée dans l'obscurité, éclairée par le bout incandescent de la cigarette qui voltige et quelques flashs subsistants, jusqu'à la reddition de Sandra : « D'accord, mais vous rallumez ! » **[Q2]**.

La scène de la métamorphose rompt avec cette atmosphère angoissante. La lumière revient, l'espace se transforme instantanément par la magie de l'artifice théâtral. Un long tissu scintillant pend des cintres, accompagné de sons cristallins. La « boîte magique » présentée par la fée évoque un numéro de la « grande illusion », telles la « malle des Indes » ou « *Metamorphosis* » (voir « Tisser des liens personnels avec le texte », p. 132). Le spectacle parodie ce « tour de magie [...] bien rodé » : on pénètre dans la boîte à quatre pattes, la fée doit s'y reprendre à plusieurs fois, générant un comique de gestes et de répétition renforcé par les protestations de Sandra. Malgré la virtuosité de la mise en scène, qui joue des lumières, de la fumée, des sons, de la chorégraphie, les deux premières métamorphoses échouent, Sandra sortant, telle une transformiste burlesque, déguisée successivement en majorette puis en mouton. La parodie culmine quand la fée reste seule, prisonnière de la boîte, à la fin de la scène **[Q3]**.

À plusieurs reprises, certaines répliques de Sandra comportent un double sens et renvoient ironiquement au théâtre de Joël Pommerat. De l'intérieur de la boîte, elle s'écrie : « Hé, il fait super noir ici ! » Or, la boîte noire est justement le principe sur lequel repose la scénographie. Un peu plus tard, elle constate : « C'est pas du tout pour les enfants votre machin. » La transposition du merveilleux grâce aux artifices de la technologie moderne produit des effets spectaculaires, parfois angoissants, incontestablement magiques et envoûtants pour le public **[Q4]**.

DEVOIRS

Pour le cours suivant, les élèves préparent l'analyse linéaire proposée dans le troisième parcours de lecture de l'édition en répondant aux questions 1 et 2 du travail préparatoire et aux questions 1 à 3 de l'étayage (« Questionner au fil du texte » : « La renaissance de Sandra », p. 131).

La vérité

Séance 8
1 h

SUPPORTS	OBJECTIF	ACTIVITÉS
– Scène 12 de la deuxième partie de *Cendrillon* (texte, l. 146-195, p. 84-86) – « L'atelier de lecture », troisième parcours dans l'œuvre (« La renaissance de Sandra ») : « Explication linéaire » (p. 131-132)	Analyser la révélation de la vérité	– Lecture expressive et analyse par binômes – Explication linéaire

Cette séance interroge la problématique de la séquence à travers deux personnages miroirs : Sandra et le prince. Les élèves travaillent d'abord en binômes la lecture expressive et l'analyse, les enjeux de la scène étant facilement accessibles[1]. Suit une mise en commun qui approfondit l'analyse stylistique.

EXPLICATION LINÉAIRE : LA VÉRITÉ

Lorsque Sandra se rend à la seconde soirée de bal, elle a reconstitué l'histoire du prince, sait qu'on ment au jeune homme en prétendant que la reine ne peut rentrer à cause de grèves alors qu'elle est morte depuis dix ans. Le statut d'orphelin rapproche Sandra et le prince, tous deux prisonniers des « histoires » qu'on (se) raconte pour fuir le réel. Dans cette scène, Sandra parvient progressivement à formuler la vérité : après avoir vainement tenté d'éveiller les soupçons du prince, elle lui révèle progressivement que sa mère est morte, ce qui lui permet de mettre enfin des mots sur son propre deuil. L'effet de la maïeutique est doublement bénéfique dans ce climax de la pièce où les sortilèges se dénouent : le dialogue permet à Sandra qui mène le questionnement de prendre conscience et d'exprimer ce qu'elle ne parvenait pas à s'avouer.

Des indices qui tombent dans l'oreille d'un sourd

Dans un premier temps amorcé avant notre extrait, Sandra questionne le prince, espérant lui faire prendre conscience de l'invraisemblance de l'histoire qu'on lui raconte, sans la dénoncer elle-même. Mais le dialogue ne progresse pas, le prince ne manifestant aucun étonnement. Aussi Sandra cherche-t-elle à pousser le prince dans ses derniers retranchements. Elle modifie progressivement les modalités de son énoncé pour en clarifier la visée et passe à l'interro-négation qui devrait entraîner l'acquiescement du prince : « Tu ne trouves pas qu'il y a comme un problème avec cette histoire ? » Mais le prince s'obstine dans la négation du réel : « Je vois pas ce que tu veux dire. » Le recours à l'assertion affirmative – « Je crois qu['] on se raconte des histoires » – reste sans effet, malgré la diaphore qui répète le nom « histoire » en lui donnant le sens nouveau de

1. Cette scène est disponible au visionnage sur « Théâtre en acte ».

mensonge. Sandra finit par recourir à une assertion négative et lapidaire qui interdit toute contestation : « Pardon, mais non. »
En outre, la jeune fille précise progressivement la cible de ses répliques : la formule impersonnelle « il y a » est remplacée par des pronoms et des déterminants de la première et de la deuxième personne qui impliquent Sandra et le prince. Le pronom indéfini « on » et l'usage du présent de vérité générale donnent une portée universelle à la réflexion sur le déni : « des fois, dans la vie, on se raconte des histoires dans sa tête, on sait très bien que ce sont des histoires, mais on se les raconte quand même ». Acculé, le prince réagit de manière affective et accuse Sandra : « C'est pas très sympa de me dire ça dis donc. »

Une révélation difficile

Dans un deuxième temps, Sandra révèle progressivement la vérité au prince dans deux longues répliques douloureuses. L'épanorthose, qui revient sur l'accusation du prince pour la corriger, montre que le discours de Sandra se situe sur un autre plan, objectif et factuel : « Ça a rien à voir avec le fait d'être sympa ou pas ce que je dis... ce que je dis c'est que [...] ta mère [...] va pas te téléphoner... »
Consciente de la blessure qu'elle va infliger, Sandra procède par répétitions, en s'efforçant de dire la vérité simplement, mais avec une précision accrue. La multiplication de points qui suspendent l'énonciation et brisent les phrases traduit la difficulté à dire une vérité qui ne peut s'exprimer que par la forme négative. Après la relance du prince, l'adverbe de négation « pas » est remplacé par l'adverbe « plus », qui marque l'arrêt d'un processus temporel, la fin. Le discours de Sandra lui-même semble se tarir, réduit à des négations, interrompu par un « petit temps ». Le motif du téléphone est abandonné pour évoquer plus directement la mort : « Parce que ta maman, parce que ta mère, son cœur il bat plus... » Le recours à l'hypocoristique et la dislocation de la syntaxe traduisent la compassion de Sandra, qui parvient enfin à énoncer les faits dans une affirmation précise et imparable : « depuis dix ans... depuis dix ans elle est morte ta mère... En fait, ta mère est morte... » La répétition et le chiasme redoublent l'énoncé de cette révélation et l'imposent.
Sandra conclut sa réplique par une formule d'excuse qui se fonde sur le caractère inéluctable de la vérité, traduit par le présentatif « Voilà ».

Comme à la fin du premier mouvement, le prince réagit de manière affective et contre-attaque par une provocation : « Tu aimerais ça moi que je te dise que ta mère est morte ?! »

La fin du déni

Alors que l'on attend des protestations contre cette hypothèse au conditionnel, Sandra l'accepte et la reformule à l'indicatif, mode de la réalité : « Parce que c'est la vérité, ma mère est morte [...]. » Désormais libérée des hésitations, la suite de cette longue phrase proclame avec emportement la nécessité d'affronter le réel : « et tu sais moi aussi faut que j'arrête [...] de me raconter [...] qu'elle va peut-être revenir un jour ma mère, si je pense à elle continuellement par exemple non ! ». La chute de la phrase sur un monosyllabe, l'adverbe de négation ici employé dans sa forme tonique « non », réintroduisent la forme négative liée à la mort dans le passage précédent. Comme des cris, une suite d'exclamatives fait alterner deux temporalités désormais disjointes : la forme de phrase affirmative inscrit la morte dans le passé – « Elle est morte et c'est comme ça ! » –, tandis que la forme négative lui interdit tout accès au futur : « Elle va pas revenir ma mère ! [...] Et rien ne pourra y changer ? Non rien. » Le redoublement de la négation souligne l'anéantissement des illusions de Sandra.
Encore une fois, le prince réagit par la sensibilité, mais Sandra affirme la puissance d'une réalité qui s'impose : « Oui c'est triste ! mais c'est comme ça. » Répété, le présentatif sert moins à mettre en valeur un élément de la phrase qu'à affirmer le caractère inéluctable de l'existence, ce qui est.
La révélation faite au prince, convaincu dans la suite de la scène, constitue un moment important et émouvant dans le parcours de Sandra : le prince est le double qui lui permet de prendre conscience des mensonges qui l'emprisonnent et d'accéder à la vérité. Mais il représente aussi la figure de l'altérité : « ça m'aide de te parler je crois », dit Sandra au prince, soulignant l'importance de la relation à l'autre, fondamentale pour Joël Pommerat.

Évaluation : retour sur le passé

Séance 9
2 h

SUPPORTS	OBJECTIFS	ACTIVITÉS
– Scènes 14 et 15 de la deuxième partie de *Cendrillon* (texte, p. 92-93, et captation) – « L'atelier de lecture » : « Synthétiser » (p. 133)	– Comparer le prologue et la fin de la pièce – Rédiger un commentaire guidé	– Visionnage des scènes dans la captation – Écriture individuelle

Cette séance vise à évaluer la compréhension individuelle de l'œuvre et la capacité à réinvestir connaissances et méthode d'analyse.
Après le visionnage de la captation des scènes 14 et 15 qui met en valeur l'utilisation de la projection vidéo, les élèves travaillent individuellement, guidés par les questions qui figurent dans le dossier de l'édition, section « Synthétiser » : « Retour sur le passé » (p. 133).
Pour le cours suivant, les élèves lisent les textes des groupements de textes 2 et 3 (section « Résonances et rebonds » : « La réserve de textes »).

Bilan et ouverture

Séance 10
2 h

SUPPORTS	OBJECTIFS	ACTIVITÉS
– « L'atelier de lecture » : « Synthétiser » (Mensonges et vérité : pourquoi (se) raconte-t-on des histoires ?" », p. 133-134) – « Résonances et rebonds » : groupements de textes 2 et 3 (p. 150-176)	– Problématiser et synthétiser à l'oral – Ouvrir sur d'autres textes	– Élaboration d'une carte mentale – Lecture et analyse de textes-échos – Entraînement à l'oral du bac

Cette séance propose une synthèse problématisée de la pièce en s'appuyant sur les questions figurant dans l'édition (« Synthétiser » : « Mensonges et vérité : pourquoi (se) raconte-t-on des histoires ? » (p. 133-134).

La problématique de la séquence est ensuite questionnée à travers d'autres textes dramatiques, du XVIIe siècle à nos jours – groupement de textes 2 : « (Se) raconter des histoires, vérités et mensonges au théâtre » (p. 150-167) –, ouvrant sur d'autres œuvres de Joël Pommerat – groupement de textes 3 : « Le jeu de la vérité dans le théâtre de Joël Pommerat » (p. 168-176).

CARTE MENTALE

Les questions figurant dans la rubrique « Mensonges et vérité : pourquoi (se) raconte-t-on des histoires ? » de l'édition peuvent servir de support à l'élaboration collective d'une carte mentale telle que proposée dans les ressources pédagogiques dédiées au titre sur le site de la collection : **lesateliersactessud.fr**. Cette carte part de la problématique de la séquence et s'appuie sur le double sens du substantif « histoire », souligné dans la séance 8.

PROLONGEMENTS

Cette réflexion se prolonge par un travail en binômes : à chacun est attribué un texte des groupements 2 et 3 de l'édition, « (Se) raconter des histoires, vérités et mensonges au théâtre » et « Le jeu de la vérité dans le théâtre de Joël Pommerat ». En s'appuyant sur les questions qui suivent ces groupements dans l'édition, les élèves préparent une brève présentation orale du texte qui leur a été donné et de ses enjeux. La mise en commun permet d'enrichir la carte mentale.

SÉQUENCE RÉDIGÉE PAR CHARLOTTE PLAT

Le théâtre au lycée, dans Les Ateliers d'*ACTES SUD*

Déjà paru

Découvrez également la pièce d'Ahmed Madani, qui interroge avec force les « raisons et le sens de l'entreprise qui consiste à se raconter », et permet de comprendre l'importance de la transmission d'une l'histoire familiale et collective.

Séquence pédagogique rédigée par Laure Sermage disponible sur **lesateliersactessud.fr**.